A MISSÃO DOS SETENTA E O "LOBO INVISÍVEL"

PAIVA NETTO

A MISSÃO DOS SETENTA E O "LOBO INVISÍVEL"

Estudo fraterno e ecumênico da passagem bíblica "A Missão dos Setenta Discípulos de Jesus", consoante o Seu Evangelho, segundo Lucas, 10:1 a 24.

2ª edição

ELEVAÇÃO

Produção editorial: *Equipe Elevação*
Revisão: *Equipe Elevação*
Impressão: *Gráfica Santa Marta*
Fotos: *Shutterstock.com*
Capa: *Alziro Braga*
Projeto gráfico e diagramação: *Helen Winkler*

A 1ª edição desta obra foi publicada em junho de 2018

Depósito legal na Biblioteca Nacional conforme
Decreto nº 1.825, de 20 de dezembro de 1907.

Dados Internacionais de Catalogação na Publicação (CIP)
(Câmara Brasileira do Livro, SP, Brasil)

P149
Paiva Netto, José de. 1941-
A Missão dos Setenta e o "lobo invisível" / José de Paiva Netto. — São Paulo : Editora Elevação, 2018.
384p.: 15,5 x 23 cm

ISBN 978-85-7513-234-0

1. **Quarta Revelação**. 2. Evangelho e Apocalipse de Jesus. 3. Fraternidade Ecumênica. 4. Justiça. 5. Esperança. 6. Obsessão. 7. Vigilância Espiritual. I. Título.

CDD-242-5

Índices para catálogo sistemático:

1. Meditações sobre passagens bíblicas : Cristianismo 242.5
1. Literatura devocional : Cristianismo 242.5

Av. Marquês de São Vicente, 446, cj. 1.713
CEP 01139-000 — São Paulo/SP — Brasil
Tel.: (11) 5505-2579

SUMÁRIO

TRATADO DO NOVO MANDAMENTO DE JESUS

A Espiritualmente Revolucionária Ordem Suprema do Divino Mestre representa o diferencial da Religião de Deus, do Cristo e do Espírito Santo[1] e é a base de todas as suas ações de promoção espiritual, social e humana, pela força do Amor Fraterno, por Ele trazido ao mundo.

Ensinou Jesus, o Cristo Ecumênico, o Divino Estadista: *"13:34 Novo Mandamento vos dou: amai--vos como Eu vos amei. 13:35 Somente assim podereis ser reconhecidos como meus discípulos, se tiverdes o mesmo Amor uns pelos outros.*

15:7 Se permanecerdes em mim e as minhas palavras em vós permanecerem, pedi o que quiserdes, e vos será concedido. 15:8 A glória de meu Pai está em que deis muito fruto; e assim sereis meus discípulos.

15:10 Se guardardes os meus mandamentos, permanecereis no meu Amor; assim como tenho guar-

dado os mandamentos de meu Pai e permaneço no
Seu Amor.
15:11 Tenho-vos dito estas coisas a fim de que a mi-
nha alegria esteja em vós e a vossa alegria seja com-
pleta.
15:12 O meu Mandamento é este: que vos ameis
como Eu vos tenho amado. 15:13 Não há maior Amor
do que doar a própria vida pelos seus amigos. 15:14 E
vós sereis meus amigos se fizerdes o que Eu vos man-
do. 15:17 E Eu vos mando isto: amai-vos como Eu vos
amei.
15:15 Já não mais vos chamo servos, porque o servo
não sabe o que faz o seu senhor; mas tenho-vos cha-
mado amigos, porque tudo quanto aprendi com meu
Pai vos tenho dado a conhecer.
15:16 Não fostes vós que me escolhestes; pelo con-
trário, fui Eu que vos escolhi e vos designei para que
vades e deis bons frutos, de modo que o vosso fruto
permaneça, a fim de que tudo quanto pedirdes ao
Pai em meu nome Ele vos conceda.
15:17 E isto Eu vos mando: que vos ameis como Eu
vos tenho amado. 15:9 Porquanto, da mesma forma
como o Pai me ama, Eu também vos amo. Permane-
cei no meu Amor".

(Tratado do Novo Mandamento de Jesus, reunido por Paiva Netto, consoante o Evangelho do Cristo de Deus, segundo ***João****, 13:34 e 35; e 15:7, 8, 10 a 17 e 9.)*

[1] **Religião de Deus, do Cristo e do Espírito Santo** — Nesta e em outras obras literárias da Quarta Revelação, o leitor vai se deparar com as denominações Legião da Boa Vontade (LBV) e Religião de Deus, do Cristo e do Espírito Santo, criadas pelo saudoso **Alziro Zarur** (1914-1979), que se irmanam na lide *"por um Brasil melhor e por uma humanidade mais feliz"*. São elas duas Instituições irrestritamente ecumênicas, unidas para atender, de forma integral, às carências fundamentais do ser humano e do seu Espírito Eterno, transformando-o sem paternalismos, a fim de que ele possa assumir na sociedade o seu papel de protagonista na solução dos problemas existentes. Agem assim para que a criatura humana se realize por meio dos poderosos ensinamentos do Espírito (Religião de Deus, do Cristo e do Espírito Santo) e da dinâmica ação de reforma humana e social (Legião da Boa Vontade), decorrência natural de nossa integração nos preceitos divinos. Disse Jesus: *"Buscai primeiramente o Reino de Deus e Sua Justiça, e todas as coisas materiais* [portanto, humanas e sociais] *vos serão acrescentadas"* (Evangelho do Cristo, segundo **Mateus**, 6:33). Da convergência dessas ações — a espiritual e a humano-social — nasce a Política de Deus, para o Espírito Eterno do ser humano. A Religião de Deus, do Cristo e do Espírito Santo também é conhecida como Religião do Terceiro Milênio, Religião do Amor Universal e Religião Divina.

O MISTÉRIO DE DEUS REVELADO

O Mistério de Deus por Jesus Cristo
revelado é o Amor!

Do autor

PERMANENTE PRESENÇA DE JESUS

Tudo fica para trás. Jesus, o Cristo Ecumênico e Divino Estadista, permanece! Ele disse: *"Passará o Céu, passará a Terra, mas as minhas palavras não passarão"* (Evangelho, segundo **Lucas**, 21:33).

Do autor

O PARECER DE GAMALIEL

"Se esta obra é de homens, não triunfará. Mas, se é de Deus, não a combatais, pois estareis combatendo o próprio Deus."

Gamaliel
(Atos dos Apóstolos de Jesus, 5:38 e 39)

PERANTE O SINÉDRIO

"Respondendo Pedro e João aos sinedritas, disseram: 'Não podemos deixar de falar daquilo que vimos e ouvimos. Importa antes agradar a Deus que aos homens'."

(Atos dos Apóstolos de Jesus, 4:19 e 20; e 5:29)

QUEBRAR PARADIGMAS

É fundamental afastar o tabu de que a Fé religiosa esteja restrita aos tolos e aos radicais e de que a Ciência seja reduto apenas dos que possuem intelecto aguçado, mantendo-se, de preferência, distantes do sentimento que liga a Razão ao Espírito Imortal.

Do autor

DA DIALÉTICA DA BOA VONTADE (1987)

Muita aberração catalogada na História como de autoria do Criador do Universo nada mais é do que projeções do deus antropomórfico, gerado pelo homem para satisfazer aos seus proveitos. São, portanto, as próprias deficiências humanas alçadas à condição de divindade.

Do autor

PREFÁCIO DO AUTOR

O QUE É O "LOBO INVISÍVEL"?

Minhas Amigas e meus Irmãos, minhas Irmãs e meus Amigos, o ensejo de presenteá-los com esta obra literária espiritual nasce de uma necessidade premente de autodefesa de todos nós contra um adversário sutil, insidioso, traiçoeiro, que a tantas tragédias tem arrastado multidões diariamente.

Nosso estudo fundamenta-se nas instruções e advertências do Mestre dos mestres, dirigidas a Seus seguidores de todos os tempos, na passagem bíblica "A Missão dos Setenta Discípulos de Jesus", constante do Seu Santo Evangelho, segundo Lucas, 10:1 a 24.

Entre outras admoestações, conforme veremos no decorrer deste livro, Ele ordena:

> — *Ide! Eis que vos envio como* ***cordeiros para o meio de lobos.***
>
> Jesus (Lucas, 10:3)

Lucas

Analisemos essa figura utilizada pelo Divino Amigo. Pertencente à família dos canídeos, encontramos na Natureza o *Canis lupus*, ou simplesmente o lobo.

Um animal quadrúpede, em geral predador, com visão noturna e audição apuradas, que vive em alcateias (sua família) e é conhecido pela alta resistência a condições adversas, vencendo as presas, muitas vezes, pelo cansaço. Digamos que prosseguir com sua apresentação seja até dispensável pela gama de informações catalogadas sobre ele.

Entretanto, aproveito a oportunidade para falar-lhes de algo que muita gente ignora e que o Celeste Pegureiro incessantemente combateu e a todos ensinou a fazer: na Natureza espiritual, existe o "lobo invisível". E o que seria o tal "lobo invisível"? Por acaso, um espécime análogo ao que temos aqui na Terra, cumprindo seu papel na cadeia alimentar, que apenas escapa ao espectro dos nossos olhos? Antes fosse... Mas lamento que não o seja... Alerto-os em alto e bom som: **o "lobo invisível" é o espírito obsessor, a serviço do mal!**

Esse é o motivo do emprego das aspas ao citá-lo. Bípede (ou quadrúpede, ou mesmo sem forma definida), essa alma perturbada e perturbadora — **inimiga da Verdade, do Bem, da Fraternidade, do Amor; enfim, avessa ao Reinado do Cristo no planeta Terra, porquanto predadora espiritual** — está sempre à espreita para tornar algum invigilante dos Assuntos Divinos sua vítima, causando-lhe sérios danos e arrastando-o a situações de grave sofrimento.

É importante ressaltar que, ao discorrer sobre o "lobo invisível" (ou até mesmo visível, isto é, um espírito trevoso reencarnado), não me refiro a alguém em específico, mas a todo aquele que se submete a essa péssima condição. Amanhã, não poderão argumentar que afirmei ser fulano ou sicrano, pois não é isso que estou dizendo, não!

O "LOBO INVISÍVEL" E SUA ATUAÇÃO PERNICIOSA NAS DIFERENTES ÁREAS DO SABER

O "lobo invisível" — espírito obsessor, irmão infeliz e ignorante das Leis Universais de Deus — tem conseguido também tisnar, com suas baixezas, as mais diferentes áreas do pensamento criador humano, tais como a Religião, a Ciência, a Filosofia, a Política, a Economia, a Arte, o Esporte, a Vida Doméstica etc. É uma verdadeira guerra, travada no campo do aparentemente insondável, o que exige preparo e conhecimento espirituais para neutralizar seus dardos. Vejam a estratégia de que se vale, denunciada por Jesus, em Seu Evangelho, segundo Mateus, 12:43 a 45:

Mateus

A ESTRATÉGIA DE SATANÁS

43 *Quando um espírito imundo sai de um homem* [ou de uma mulher], *passa por lugares áridos, procurando descanso.*

Claro! Esse espírito é atraído por lugares áridos, porque é uma alma desértica; se fosse iluminada encontraria paragens férteis, benditas, luminosas.

> 44 *Como não o encontra, diz: — Voltarei para a casa de onde saí. Chegando* [ele ou ela, porque o "lobo invisível" pode ser um homem ou uma mulher desencarnados e em situação espiritual precária], *encontra a casa desocupada, varrida e adornada.*

Jesus é um ensinamento diário, Divino Ensinamento. Ele quer nos alertar, pois deseja o nosso bem. O Mestre Amado afasta de milhões e milhões pelo mundo o espírito obsessor, o "lobo invisível", que, por sua vez, sai por aí arrependido, mas é um remorso falso. Vejam o que ocorre:

> 45 *Então, vai e traz consigo outros sete espíritos piores do que ele, e, entrando, passam a viver ali.* ***E o estado final daquele homem*** **[ou daquela mulher]** ***torna-se pior do que o primeiro.*** *Assim acontecerá a esta geração perversa.*

O povo sabiamente ensina:

— *Cérebro desocupado é oficina do diabo.*

O "lobo invisível", por não possuir a vestimenta carnal, anda pelo mundo com liberdade relativa, levando em conta que apenas se aproxima de alguém quando se estabelece com esta pessoa sintonia de pensamentos e atos, quando descobre brechas, isto é, se instala na casa vazia, anteriormente limpa pelo Divino Mestre, mas cujo proprietário ou proprietária não manteve acesa a indispensável luz das Boas Obras. Daí ser fundamental reeducar, à luz da Espiritualidade Superior, os nossos canais psíquicos, mantendo-os sanados e desobstruídos, com a elevação do nosso pensamento, nossas palavras e nossas ações (a Sintonia Tríplice com Jesus) ao Bem, à Generosidade, à Fraternidade Ecumênica, à Verdade e à Justiça Divinas; enfim, ao Amor Crístico, sintetizado no Novo Mandamento do Celeste Amigo:

> — *Amai-vos como Eu vos amei. Somente assim podereis ser reconhecidos como meus discípulos. Não há maior Amor do que doar a própria vida pelos seus amigos* (Evangelho, segundo João, 13:34 e 35; e 15:13).

Dessa maneira, firmaremos a ligação psicoespiritual com nossos Anjos da Guarda, Espíritos Guias, Numes Tutelares, Almas Benditas, que podem livrar-nos desse vilão, e permaneceremos atuantes no trabalho do Bem.

ATENÇÃO: O "LOBO" NÃO É VEGETARIANO!

Ao descrever este quadro, jamais pretendo assustá-las ou assustá-los. Jamais! Apresento-o, portanto, justamente para que vocês saibam identificar esse ser viperino e proteger-se dele, de modo que não caiam em suas garras dilacerantes e não se arruínem sob sua perniciosa influência. E digo mais: **o Cristo de Deus não nos enviaria em missão sacerdotal para sermos devorados pelos "lobos" nem para que acreditemos que eles sejam vegetarianos**. Todavia, para **iluminar seus corações** com a doutrina ecumenicamente solidária Dele. **Em hipótese alguma para assimilar os maus costumes desses espíritos obsessores.**

Uma das mais gratificantes tarefas do operário da Seara Divina — que sabe derrotar as artimanhas da maldade com oração e vigilância (Boa Nova[1] de Jesus, consoante Mateus, 26:41) — é a de indicar ao "lobo invisível ou visível" o bom caminho: o da realização que trará celeste felicidade a ele próprio. Essa condição lhe abrirá as portas do Céu, quando passar de infeliz obsessor a benfeitor daquele a quem antes perseguia, conforme o que trazemos no subtítulo "Ensinar ao 'lobo' a Trilha do Bem". Pelo fato de ele estar preso à sombra, **precisamos acender-lhe a Luz Espiritual**.

---

[1] **Boa Nova** — Assim também é conhecido o Evangelho, do grego *Euangélion* e do latim *Evangeliu*.

Ainda poderíamos declarar: **é urgente fazer com que ele ascenda à Luz Espiritual**, visto que **a elevação da Alma a liberta das masmorras da iniquidade**. A missão do servidor de Deus é derrubar a vingança, que nada constrói. Pelo contrário. Apenas leva à ruína e perpetua o ódio.

Nada melhor do que, neste instante, proferirmos a inspirada *Oração a São Miguel Arcanjo*, de autoria do papa **Leão XIII**[2], sucessor de **Pio IX**[3]:

ORAÇÃO A SÃO MIGUEL ARCANJO

São Miguel Arcanjo,
Defendei-nos neste combate;
Sede nosso auxílio
contra as maldades e ciladas do mal.
Instante e humildemente vos pedimos
que Deus sobre ele impere.
E vós, príncipe da Milícia Celeste,
com este Poder Divino,
precipitai no inferno a satanás
e aos outros espíritos malignos,
que vagueiam pelo mundo
para a perdição das Almas.
Amém!

[2 e 3] **Papa Leão XIII e papa Pio IX** — Respectivamente Gioacchino Pecci (1810-1903) e Giovanni Maria Mastai-Ferretti (1792-1878).

É evidente que não desejamos que ninguém se perca, mas que todos se salvem, corrigindo-se verdadeiramente dos seus erros. Contudo, enquanto não se redimem, os espíritos malignos viverão fadados às dores do inferno, ou umbral, ou, o que é ainda pior, por sua própria escolha, à penúria das regiões abissais. Vejam bem: **por sua própria escolha**. Não foi sem razão que Jesus peremptoriamente afiançou:

> — *A cada um de acordo com as suas próprias obras* (Evangelho, segundo Mateus, 16:27).

Nada mais, nada menos.

Sob as bênçãos de Deus, do Cristo e do Espírito Santo, sigam, prezada leitora, caro leitor, nestas fraternas páginas e fortaleçam ainda mais sua proteção espiritual com as ferramentas oferecidas por **Jesus, a Luz que não cria sombras,** em Seu Santo Evangelho-Apocalipse — **a melhor defesa contra o "lobo invisível" e todo e qualquer mal!**

José de Paiva Netto

Rio de Janeiro, inverno de 2018,
Hemisfério Sul

DE QUE ESPÉCIE DE "LOBO" TRATAMOS AQUI?

E o que seria o tal "lobo invisível"? Por acaso, um espécime análogo ao que temos aqui na Terra, cumprindo seu papel na cadeia alimentar, que apenas escapa ao espectro dos nossos olhos? Antes fosse... Mas lamento que não o seja... Alerto-os em alto e bom som: o "lobo invisível" é o espírito obsessor, a serviço do mal!

A MISSÃO DOS SETENTA E O "LOBO INVISÍVEL"

– PARTE 1 –

Jesus ensinou a humildade, jamais a covardia. O medo paralisa o indivíduo, e Ele determinou aos Seus discípulos ação. Damas e cavalheiros, guardem bem: boa ação! Estando realmente com o Protetor Divino, ovelhas de Deus, não temam o "lobo invisível", porém os maus atos que vocês mesmas ou vocês mesmos podem praticar. Livrem-se deles, tirando de dentro de si as pérfidas sugestões lupinas.

Paiva Netto comanda o 32º Fórum Internacional do Jovem Ecumênico da Boa Vontade de Deus, realizado, com a presença de milhares de moços, no Ginásio do Ibirapuera, em São Paulo/SP, em 14 de julho de 2007.

À GUISA DE INTRODUÇÃO

Despretensiosa contribuição à inteligência das coisas.

Uma das passagens bíblicas que mais aprecio, pelas extraordinárias lições que nos oferece, é a basilar **"A Missão dos Setenta Discípulos de Jesus"**, constante do Evangelho, segundo Lucas, 10:1 a 24, que adiante transcrevo. Nela, encontramos imprescindíveis diretrizes para manter uma postura capaz de suplantar as dificuldades que surgem pela estrada de nossa existência e que nos imunize das investidas perversas do "lobo invisível", que denunciamos neste trabalho. Permaneçamos muito atentos aos pormenores, às entrelinhas do que trato aqui.

Em 31 de dezembro de 2004, na virada do ano, pela Super Rede Boa Vontade de Comunicação[1] (rádio, TV e internet), explanei, numa palestra nascida de improviso, sobre o referido texto bíblico. Para minha

[1] **Super Rede Boa Vontade de Comunicação** — Formada pela Boa Vontade TV, pela Super Rede Boa Vontade de Rádio, pelo portal BoaVontade.com, pelo aplicativo Boa Vontade *Play* e pelas revistas BOA VONTADE e JESUS ESTÁ CHEGANDO! Para outras informações, acesse www.boavontade.com ou consulte a p. 384.

alegria, vários ouvintes solicitaram que essa pregação fosse novamente transmitida. A partir de 2 de janeiro de 2006 — quando se deu a primeira oportunidade, pois a programação é muito rica —, essa palavra teve a sua vez de ser reapresentada. E mais: pediram-me sua publicação, o que também ocorreu.

Atendendo a essas manifestações de carinho e apreço para com a mensagem da Quarta Revelação, a Religião de Deus, do Cristo e do Espírito Santo, passei a reproduzir, na revista JESUS ESTÁ CHEGANDO!, a análise ecumênica que fiz do capítulo 10 do Evangelho, de acordo com os relatos de Lucas, acrescida de novas considerações, que, aqui agrupadas, formam este estudo.

Desejo sinceramente que venha a ser útil na abertura de entendimentos e de corações à flagrante realidade do cotidiano intercâmbio do Mundo Espiritual com o nosso existir terreno.

UM POUCO DA HISTÓRIA DA MINHA VIDA

— Salve o Natal Permanente da Legião da Boa Vontade, por um Brasil melhor e por uma humanidade mais feliz!

Dessa forma, o Irmão **Alziro Zarur** (1914-1979)[2] encerrava a leitura do relatório do Banco da Boa Von-

[2] **Alziro Zarur** (1914-1979) — Nasceu na cidade do Rio de Janeiro/RJ, Brasil, no Natal de Jesus de 1914. Jornalista, radialista, escritor, poeta, filó-

tade — assinado por outro grande batalhador Legionário de Deus, dr. **Osmar Carvalho e Silva** (1912-1975) —, no qual apresentava as atividades sociais do Casarão nº 1, da LBV, situado na Rua Alice Figueiredo, 43, Estação do Riachuelo, no Rio de Janeiro/RJ, Brasil.

Alziro Zarur

Dr. Osmar Carvalho e Silva

Durante extenso período, ainda aluno do Colégio Pedro II, fui, todos os dias, o portador daquele importante documento. Saía da aula correndo, porque tinha

---

sofo, ativista social e grande pregador da Palavra de Deus, fundou a Legião da Boa Vontade (LBV), em 1º de janeiro (Dia da Paz e da Confraternização Universal) de 1950, e brilhantemente a presidiu até a sua passagem para o Plano Espiritual, em 21 de outubro de 1979. Em 7 de setembro de 1959, Zarur realizou a Proclamação do Novo Mandamento de Jesus, em Campinas/SP, Brasil, no antigo Hipódromo do Bonfim — hoje, Praça Legião da Boa Vontade —, que, na época, era o espaço público mais amplo que por lá existia, capaz de receber a multidão que fora ouvi-lo. Carismático e polêmico, de forma popular e inovadora pregava, com muito entusiasmo, o Evangelho e o Apocalipse de Jesus, mas não *"ao pé da letra que mata"* (Segunda Epístola de Paulo aos Coríntios, 3:6), e sim em Espírito e Verdade, à luz do Novo Mandamento do Cristo Ecumênico, o Divino Estadista. Criou e presidiu a pioneira Cruzada de Religiões Irmanadas, cuja primeira edição oficialmente ocorreu em 7 de janeiro de 1950, no salão do Conselho da Associação Brasileira de Imprensa (ABI), na capital fluminense, após sucessivas reuniões preparatórias realizadas nos meses de outubro, novembro e dezembro de 1949, na sala da diretoria daquela prestigiada Associação. Com esse feito, Zarur antecipou-se ao que mais tarde viria a ser chamado de relacionamento inter-religioso. Em 7 de outubro de 1973, proclamou a Religião de Deus, do Cristo e do Espírito Santo, em Maringá/PR, Brasil.

Paiva Netto, na década de 1960, com o uniforme do Pedro II. Na imagem ao lado, a fachada atual da Seção Norte do colégio-padrão, no Rio de Janeiro/RJ.

de estar, impreterivelmente, às 19h30[3], no gabinete de Zarur, na antiga Rádio Mundial, localizado na Avenida Rio Branco, 181, 3º andar, no Edifício Cineac Trianon, no centro da cidade. Ele me esperava com aquelas informações para se dirigir ao estúdio, de onde irradiaria seus consagrados programas *Campanha da Boa Vontade* e *Jesus Está Chamando!* Nunca cheguei atrasado. Nem dispunha de tempo para trocar o uniforme do colégio-padrão, mas entregava-lhe os papéis na hora certíssima.

A cada ir e vir dessas inesquecíveis correrias, meu coração mais se entusiasmava com o ideário da Boa Vontade. As esclarecedoras lições sobre a realidade da Vida após a morte e a influência dos Espíritos no

[3] **Nota de Paiva Netto**

Impreterivelmente, às 19h30 — Alziro Zarur costumava afirmar que *"quem não respeita horário não tem caráter"*.

dia a dia de todos nós, seres reencarnados, desde as narrativas evangélicas belamente interpretadas e explicadas por Zarur às instrutivas páginas espirituais lidas e comentadas por ele, alimentavam meu ímpeto legionário.

Na época, o saudoso proclamador da Religião de Deus, do Cristo e do Espírito Santo com frequência denunciava a ação solerte do que denomino "lobo invisível", que prejudicou até mesmo a missão dos setenta discípulos, embotando a mente de 58 deles. É natural que se esse grupo deixou de seguir o Divino Mestre é porque não era Dele, mas, sim, do "lobo invisível". E quanto aos doze que permaneceram ao Seu lado, Jesus sempre os desafiava, como podemos ver no Evangelho, segundo João, 6:67:

> — *Então, perguntou Jesus aos doze: — E vós, porventura, quereis também vos retirar?*

Imediatamente, porém, **Pedro Apóstolo** apresenta sua resposta decidida, que deve inspirar a todos nós:

> — *Senhor, para quem iremos nós? Só Tu tens as palavras da Vida Eterna! E nós já temos crido e bem sabemos que Tu és o Cristo, o Santo de Deus* (Evangelho, segundo João, 6:68 e 69).

Pedro Apóstolo

Assim também deve ser nosso testemunho diariamente. Retomaremos o assunto[4].

O BRADO

É tão marcante aquele brado de Zarur, no meio legionário da Boa Vontade de Deus e Cristão do Novo Mandamento de Jesus, que vale a pena repeti-lo:

> — *Salve o Natal Permanente da Legião da Boa Vontade, por um Brasil melhor e por uma humanidade mais feliz!*

Uma saudação expressiva para começar um dia, um mês, um novo ano e reverenciar o **Natal Permanente de Jesus** aos povos!

A GLÓRIA DO TRABALHADOR

Ano-novo! Ano-bom?! Depende de nós. Tenho certeza de que, com vocês adotando por alicerce o Sublime Aprendizado vindo de Jesus, o Ecumênico Divino, faremos desse ano[5] — que se inicia repleto de esperanças — e dos que o sucederão os mais prósperos tem-

[4] Leia mais nos capítulos "Pregação austera do Cristo de Deus" e "Jesus é abandonado por muitos discípulos", constantes deste livro.

[5] **... faremos desse ano** — Recordamos que essas palavras foram proferidas por Paiva Netto em 31 de dezembro de 2004.

pos que as Instituições da Boa Vontade de Deus (IBVs)[6] já viveram.

O Espírito dr. **Bezerra de Menezes**, grande ativista da Revolução Mundial dos Espíritos de Luz, durante as reuniões do Centro Espiritual Universalista, o CEU da Religião de Deus, do Cristo e do Espírito Santo[7], explanando a respeito do que tem sido a existência heroica das IBVs, costuma lembrar que, se enfrentamos constantemente ***"lutas extraordinárias"***, somos premiados pelo Pai Celestial, de acordo com o nosso merecimento, com ***"vitórias majestosas"***. No entanto, esse galardão é para quem — tendo compromisso com o Cristo Ecumênico, o Excelso Estadista, pois assinou um contrato no Mundo Espiritual com o Divino Mestre — o **cumpre com honra até o fim (e além do fim)**. Apenas desse modo merecerá o Seu beneplácito, ou seja, poder descansar no Seu seio, ainda que por curto período, porquanto a glória do trabalhador é praticar, de forma eficaz, o seu serviço, agora e sempre. A propósito, mesmo enquanto o corpo dorme, os Servidores do Senhor são levados às regiões da Bem-

[6] **Instituições da Boa Vontade (IBVs)** — São formadas pela Religião de Deus, do Cristo e do Espírito Santo; pela Legião da Boa Vontade (LBV); pela Fundação José de Paiva Netto; pela Fundação Boa Vontade; e pela Associação Educacional Boa Vontade.

[7] **Centro Espiritual Universalista, CEU** — Leia mais sobre o assunto no primeiro volume das *Sagradas Diretrizes Espirituais da Religião de Deus, do Cristo e do Espírito Santo* (1987), de Paiva Netto.

-Aventurança para receber Dele, ou dos Seus auxiliares benditos, forças para o prosseguimento da tarefa.

ADENDO

REVOLUÇÃO MUNDIAL DOS ESPÍRITOS DE LUZ

Sobre tão grandioso acontecimento, a **União das Duas Humanidades** — a espiritual e a material —, fiz incluir em minha obra *Tesouros da Alma* (2017):

Anunciada por Zarur em 1953, temos levado adiante a Revolução Mundial dos Espíritos — expressão à qual acrescentei “de Luz”, pois essa Revolução surgiu para iluminar o Espírito Eterno do ser humano, esclarecendo a todos que **o Mundo Espiritual não é uma abstração.** Aqui abro parêntese para dizer que até a poderíamos chamar de **Revolução Social dos Espíritos de Deus**, porque sabemos que **a reforma do social vem pelo espiritual**, porquanto **o governo da Terra começa no Céu**. Das Alturas, descem até aos seres humanos as Instruções Divinas, **que se vão corporificando conforme a capacidade que cada um tem de entendê-las e vivê-las**, sendo esse **UM** indivíduo, povo ou nação. Daí o ensinamento de Jesus neste resumo: todos seremos justificados em consonância com o Bem ou com o mal que praticarmos.

Vejam o Evangelho do Cristo, segundo Mateus, 16:27; o Apocalipse de Jesus, 22:12; e o livro de **Jó**, 34:11:

> — *A cada um será dado* ***de acordo com as próprias obras.***

Sem esse conceito da Justiça de Deus, é impossível a existência de uma sociedade equitativa, portanto civilizada. **O contrário é o reino da impunidade.**

UNIÃO DAS DUAS HUMANIDADES

Ainda relacionado ao tema, é oportuno destacar o que o saudoso Alziro Zarur falou sobre o advento da **União das Duas Humanidades**: a da Terra com a do Céu, dentro da Revolução Mundial dos Espíritos da Luz Celeste, na Quarta Revelação. Trata-se de um dos fundamentos da Política Divina:

> — *A essência (do segredo do governo dos povos) é justamente a vitória do Novo Mandamento de Jesus com a União da humanidade da Terra com a Humanidade do Céu.*

INCENTIVO À PERSEVERANÇA

Durante palestra que realizei no dia 15 de outubro de 2003, na cidade do Rio de Janeiro/RJ, Brasil, o ilustre "Médico dos Pobres"[8], pela mediunidade do sensitivo Cristão do Novo Mandamento **Chico Periotto**, concedeu-nos grandioso exemplo da postura dos seguidores do Caminho[9] ao superarem as intempéries do princípio da jornada para fertilizar nos corações a Doutrina Redentora do Jesus Ecumênico. Trago-o para conhecimento de vocês, como incentivo à perseverança e à união em torno do ideal da Boa Vontade de Deus, visto que, consoante costumo afirmar, **em cada dificuldade que surge, existe o ensejo de suplantá-la**.

Esclarece o dr. Bezerra de Menezes (Espírito):

> — *Os apóstolos de Jesus venceram, porque, mesmo nos momentos em que tudo parecia perdido,* ***existiam no seio da equipe o entusiasmo, a Fé inabalável, equilibrada e sempre motivadora de Pedro Apóstolo****. Pedro sabia, em seu íntimo, que as coisas seriam difíceis. Contudo, com a sua percepção hierárquica, previa a vitória dentro da dificuldade, em plena*

[8] **"Médico dos Pobres"** — Assim era chamado merecidamente o nobre dr. Adolfo Bezerra de Menezes Cavalcanti (1831-1900).

[9] **Seguidores do Caminho** — Como também eram conhecidos os primeiros cristãos.

> *procela.* ***As chagas*** *que seriam* ***expostas correspondiam aos desafios que também seriam vencidos.***
> (Os destaques são meus.)

Por isso, na Religião do Terceiro Milênio, entendemos a grandeza infinita de Jesus, o Senhor dos senhores, cuja misericórdia paira solidariamente acima das crenças terrenas, as quais têm a **nossa consideração ecumênica**. Estamos em sintonia com o que elas possuem de mais belo. Por essa razão, proclamamos que Ele é o **Cristo Ecumênico, o Divino Estadista**[10].

Ora, um Celeste Libertário como Jesus não pode permanecer algemado a pensamentos sectarizantes. Ele disse:

> — *Eu sou a Luz do mundo. Quem me segue não andará em trevas, mas tem a Luz da Vida.*
> Jesus (João, 8:12)

João Evangelista

O que veio fazer na Terra o Sublime Educador senão trazer-nos a ambiência especial de Paz e de Justiça para uma humanidade que ainda se debate na incerteza? Enquanto ela se mantiver distante de sua origem,

[10] **Proclamação do Cristo Ecumênico, o Divino Estadista** — Leia o capítulo "Quanto à Dessectarização de Jesus, o Cristo de Deus", no segundo volume das *Sagradas Diretrizes Espirituais da Religião de Deus, do Cristo e do Espírito Santo* (1990), de Paiva Netto.

que é divina, viverá chafurdada na confusão constante e destruidora.

O planeta está se tornando — por culpa nossa, seus moradores — desclassificado como reduto para habitação de seres viventes, por causa da atividade incessante do "lobo invisível", pois nem todos percebem sua atuação solerte, que é também ganância desmedida. Seu maquiavélico plano visa ao fracasso da missão dos discípulos de Jesus, que precisam ser mais eficientemente práticos e muito produtivos, de forma que convençam os moradores da Terra de que Deus nada tem a ver com os excessos humanos praticados em Seu Nome. Afinal, **Ele é Amor** (Primeira Epístola de João, 4:8) **e Justiça**, porém jamais vingança, como, pelos milênios, vem sendo confundido.

Jeremias

— *Assim diz o Senhor: Executai o direito e a justiça e livrai o oprimido das mãos do opressor; não oprimais ao estrangeiro, nem ao órfão, nem à viúva; não façais violência, nem derrameis sangue inocente neste lugar.*

(**Jeremias**, 22:3)

— *Porque a Palavra do Senhor é reta, e todo o Seu proceder é fiel. Ele ama a justiça e o direito; a terra está cheia da Bondade do Senhor.*

(Livro dos Salmos, 33:4 e 5)

VEM AÍ NOVA SITUAÇÃO GEOPOLÍTICA

Discorrendo a respeito da alarmante atualidade da ação predatória do ser humano, influenciado sobremaneira por "lobos invisíveis", e suas consequências para a população mundial, declarou, por intermédio do sensitivo Cristão do Novo Mandamento Chico Periotto, o Espírito dr. Bezerra de Menezes, em 8 de março de 2003:

CONSEQUÊNCIAS HISTÓRICAS COMPLEXAS

Poucos estão prestando atenção. Mas, se pegarmos o Apocalipse do Cristo, que o senhor tão bem entende e explica, Irmão Maior Paiva Netto, e analisarmos, firmados em sua pregação, o capítulo e o versículo que focalizam o Armagedom (Apocalipse, 16:16), veremos que, pouco antes do terrível acontecimento, os reis do Oriente adentram o Rio Eufrates (Apocalipse, 16:12). Não se trata de simples coincidência os fatos recentes ocorridos naquela região mesopotâmica. As consequências são históricas, complexas. Desenvolvem-nas as mesmas personalidades de outrora, pelo processo redentor da reencarnação[11].

O Rio Eufrates já secou[12], *como anuncia o Apocalipse. Os reis do Oriente — enfrentando o poderio bélico do capitalismo desenfreado* [ou sustentados por ele] — *avançarão numa sanguinária e abominável batalha, que resultará na Guerra Total.*

Os governantes mais lúcidos do planeta tentam bloquear o acontecimento*, porque sabem que, em seguida, virão problemas maiores.*

Em um primeiro instante, uma ampla devastação. Mortandade jamais vista no mundo. Depois, grandes blocos nunca imaginados começarão a desenhar uma nova situação geopolítica na humanidade.

SÓ A INTERVENÇÃO DE DEUS PODE NOS SALVAR

Não se esqueçam de que a questão nuclear é um grito da antecipação dos fatos tenebrosos que as criaturas não conseguirão evitar por muito tempo. O

[11] **Reencarnação** — Saiba mais sobre o tema no primeiro volume da coleção *Sagradas Diretrizes Espirituais da Religião de Deus, do Cristo e do Espírito Santo* (1987), de Paiva Netto, no capítulo "Quanto à sua fonte inspiradora: Jesus, o Cristo de Deus", no subtítulo "Paulo Apóstolo e Reencarnação".

[12] **O Rio Eufrates já secou** — Leia o capítulo "Fins do mundo", partes I, II e III do livro *Apocalipse sem Medo* (2000). Essa obra faz parte da série do escritor Paiva Netto "O Apocalipse de Jesus para os Simples de Coração". Composta de *Somos todos Profetas* (1991), *As Profecias sem Mistério* (1998), *Jesus, o Profeta Divino* (2011) e *Jesus, a Dor e a origem de Sua Autoridade — O Poder do Cristo em nós* (2014), a coleção ultrapassou a expressiva marca de 3 milhões de exemplares vendidos.

mundo será sacudido e parecerá uma pequena bola de gude agitando-se pelo Espaço Sideral. Somente a intervenção de Deus, por intermédio de Forças Multidimensionais capazes de amenizar a drástica e impiedosa ação humana na Terra [influenciada pelo "lobo invisível"], *esfriará os resultados catastróficos.*

O orbe não será destruído, porque antes disso Jesus intervirá neste planeta.

(Os destaques são meus.)

Acerca do que afirma o nobre dr. Bezerra de Menezes — *"antes disso Jesus intervirá neste planeta"* —, Zarur, pregando de improviso em "A Última Batalha de Miguel, o Arcanjo", que publiquei, em 1982, no *Livro de Deus*, prediz:

Miguel estará presente no Armagedom Final, que se aproxima. ***Revelação: haverá intervenção cósmica no planeta Terra.*** *E ela se fará por intermédio dos Espíritos dispostos e predispostos. É verdade que eles aparecerão em todas as camadas sociais,* ***mas vão preferir as camadas subalternas****, principalmente no Brasil, a fim de não se desviarem das suas funções e das suas missões.*

As massas espirituais, em tropel, se apossarão de todas as posições. *Triste fim para o mundo religioso e social!* ***Espíritos guerreiros estarão derramados sobre toda carne mediunizada.*** *Cada homem dessa*

O Arcanjo Miguel derrota satanás | c. 1635 | Guido Reni (1575-1642) | Óleo sobre tela | 202 x 293 cm | Coleção privada

humanidade vingadora terá a força de cem. Não ficará pedra sobre pedra. E, sobre esses escombros, ***o Cristo virá em pessoa para o julgamento final***[13]*. (...)*

Como se vê, o Armagedom Final não terá, apenas, participantes encarnados, mas, também, desencarnados: os Exércitos de Cima e os exércitos de baixo, na carne e no Espaço, unidos por Jesus para a Vitória Final.

JESUS NÃO É PRISIONEIRO

É preciso destacar, para o perfeito entendimento do que profetiza o Irmão Zarur — saudoso proclamador da Religião de Deus, do Cristo e do Espírito Santo —, que ele não se refere ao **Jesus** submetido às crenças, por mais distintas e respeitáveis que sejam. Todavia, ao Cristo livre de qualquer partidarismo religioso ou ideológico, porquanto Ele **não é prisioneiro nem mesmo do cristianismo terrestre**.

Igualmente acerca do Pai Celestial, o sempre lembrado autor de *Poemas da Era Atômica* (1949)[14], em página publicada na imprensa, intitulada *"Um só Rebanho*

---

[13] **Nota de Paiva Netto**

Aprendemos, no estudo do Evangelho e do Apocalipse do Cristo, que Deus concede **a cada um** de acordo com o próprio merecimento **de cada um**, consoante Jesus adverte, por exemplo, em Seu Evangelho, segundo Mateus, 16:27: *"Porque o Filho de Deus há de vir na glória de Seu Pai, com os Seus Anjos,* ***e, então, retribuirá a cada um conforme as suas obras****"*. De outra forma, o Divino Chefe estaria criminosamente promovendo a impunidade, hoje muito em voga neste mundo.

[14] **Autor de *Poemas da Era Atômica* (1949)** — Alziro Zarur (1914-1979).

Proclamação do Novo Mandamento de Jesus, feita por Alziro Zarur (1914-1979), em Campinas/SP, Brasil, a 7 de setembro de 1959, no Hipódromo do Bonfim, hoje Praça Legião da Boa Vontade, que, na época, era o espaço público mais amplo que por lá havia.

para um só Pastor" — argumentando que Deus nem é mesmo cristão, como alguns ainda O concebem —, pergunta e responde:

> — *Qual a religião de Deus? Deus é católico apostólico romano? Deus é protestante? Deus é espírita? Deus é judeu? Deus é muçulmano? Evidentemente, Deus não pertence a nenhuma religião, a nenhuma Igreja particular; todas elas, sim, pertencem a Deus, que não prefere uma em detrimento das outras.*

Na Proclamação do Novo Mandamento de Jesus, feita por Zarur, em Campinas/SP, Brasil, a 7 de setembro de 1959, ele elucida:

— ***Há tantas religiões ou igrejas quantos são os graus evolutivos das criaturas humanas, determinados pelas suas reencarnações.*** *Claro que a Lei da Reencarnação é tão antiga quanto as criaturas de Deus. Doutrinas anteriores ao Espiritismo são reencarnacionistas, como observou* ***Papus****, ou seja, o dr. Gérard Encausse, doutor em Cabala, médico-chefe do laboratório do Hospital Charité, de Paris, diretor da revista* L'Initiation, *membro fundador do Grupo Independente de Estudos Esotéricos, da Ordem Martinista, da Ordem Cabalista Rosa-Cruz etc. Escreveu ele: "... Com efeito, a Reencarnação foi ensinada como um mistério esotérico*[15] *em todas as iniciações da Antiguidade. Eis uma passagem dos ensinos egípcios, 3.000 anos antes da vinda de Jesus, sobre a Reencarnação:* ***'Antes de nascer, a criança viveu; a morte nada termina. A vida é uma volta; ela passa semelhante ao dia solar que recomeça'*** *(Fontane, Egyptes, 424)".*

Gérard Encausse

[15] <u>**Nota de Paiva Netto**</u>
O dr. Gérard Encausse, mais conhecido como Papus, emprega a palavra "esotérico" — na atualidade confundida jocosamente como magia de esquina ou coisa de aventureiros — com o original significado. Segundo encontramos no *Dicionário Michaelis*, consiste no que é "reservado aos iniciados" espirituais. Ora, é missão da Religião de Deus, do Cristo e do Espírito Santo trazer também ao povo o que antes era privilégio de pequenos grupos mais espiritualmente eruditos, até mesmo na Ciência, naqueles tempos muito perseguidos.

REENCARNAÇÃO: CHAVE PARA O ENTENDIMENTO DO APOCALIPSE

O dr. Bezerra de Menezes, no trecho de sua mensagem psicofônica anteriormente transcrita, refere-se ao Apocalipse. Zarur, que sempre se dedicou a pregar a Palavra de Deus de forma eminentemente democrática, por sua vez, em outra publicação, afirmou que **a chave para o entendimento do Livro das Profecias Finais é, justamente, a Lei Universal da Reencarnação**. De minha parte, Paiva Netto, preocupei-me em explicá-lo aos simples de coração também, porquanto é o Divino Mestre quem admoesta:

> — *Graças Te dou, ó Pai, Senhor do Céu e da Terra, porque ocultaste estas coisas aos sábios e instruídos do mundo e as revelaste aos pequeninos* (Evangelho do Cristo, segundo Mateus, 11:25).

Faz-se necessário evidenciar que, nos dramas mundiais deste Fim dos Tempos que vivemos, o maldito "lobo invisível" marca sua nefasta presença e conduz ao precipício espiritual, moral, ético e humano quem a ele se submete. Devemos trabalhar por derrotá-lo, protegendo, enfim, nossa morada coletiva de sua ruinosa atividade neste término de ciclo apocalíptico.

Sigamos, portanto, nestas páginas, aprendendo com o Cristo de Deus a vencer as artimanhas do "lobo" (visível ou invisível).

INTERVENÇÃO CÓSMICA NO PLANETA TERRA

"Miguel estará presente no Armagedom Final, que se aproxima. Revelação: haverá intervenção cósmica no planeta Terra. E ela se fará por intermédio dos Espíritos dispostos e predispostos. (...) Não ficará pedra sobre pedra. E, sobre esses escombros, o Cristo virá em pessoa para o julgamento final."

- Alziro Zarur -

A MISSÃO DOS SETENTA E O "LOBO INVISÍVEL"

– PARTE 2 –

O Supremo Criador é quem realmente sabe o que se passa na intimidade de Suas criaturas, quaisquer que sejam suas crenças ou descrenças. Por isso, precisamos a todos alertar sobre a ação ardilosa do "lobo invisível", que muito se vale da pretensão humana.

JESUS, O REDENTOR DAS ALMAS HUMILDES

Em meu livro *Somos todos Profetas* (1991), no subtítulo "A genialidade que Jesus aprova", escrevi: **Os simples de coração constituem a genialidade que o Divino Amigo tanto deseja que ilumine o mundo. E é a esse talento que Deus revela os Seus segredos.**

Daí o benefício de se elevar constantemente o pensamento ao Cristo Ecumênico, Político Excelso, livre de sectarismos constringentes ou ideias exclusivistas; portanto, **o Redentor das Almas humildes**. Aliás, quando exalto essa qualidade de sentimento, não me dirijo à classe social das pessoas. Até porque o "lobo invisível" espreita o homem, a mulher, o jovem e a criança de qualquer berço para destilar suas torpezas. Como há tanto tempo inferi, existem pobres humildes e outros cheios de orgulho e rancor — infeliz comportamento, que nada traz de proveitoso à evolução das criaturas, voltando-se contra elas próprias, nesta ou na Outra Vida. A coragem é imprescindível, mas o ódio continua sendo arma voltada contra o peito de quem odeia. Quanto ao mesmo ponto de vista, existem ricos orgulhosos e rapaces e outros de uma simplicidade franciscana. Este é um mundo de paradoxos. Por isso, pregamos, há décadas, o Apocalipse **de Jesus** para os **Simples de Coração**, que se encontram em toda parte, nas várias camadas socioculturais.

O Supremo Criador é quem realmente sabe o que se passa na intimidade de Suas criaturas, quaisquer que sejam suas crenças ou descrenças. Por isso, precisamos a todos alertar sobre a ação ardilosa do "lobo invisível", que muito se vale da pretensão humana.

A obrigação de cada um de nós, que modestamente desejamos transmitir uma mensagem, **é lançar a rede**. Seguimos a proposta do Taumaturgo Celeste, que é a de nos transformarmos em pescadores de homens, mulheres, jovens, crianças e Espíritos, Almas Benditas[1] — porque **os mortos não morrem!** — para a Sua Seara Universalista; todavia, sem jamais sermos imperiosos em nosso modo de pensar. A época do "crê ou morre" já vai longe, há muito tempo, graças a Deus!

Aliás, quando brado que a Vida prossegue além do túmulo, na dimensão do Espírito, alguns podem assustar-se, talvez pelo mau hábito de associar a existência incorpórea com filmes de terror. Entretanto, o que

---

[1] Evangelho do Cristo, segundo **Marcos**, 1:16 e 17: *"Caminhando junto ao mar da Galileia, Jesus viu **Simão Pedro** e **André**, dois irmãos que lançavam rede, porque eram pescadores. Disse-lhes, então: Segui-me, e Eu vos farei pescadores de Almas".*

espanta mesmo é esse fato descrito pelo nobre Irmão Bezerra de Menezes (Espírito):

> — ***Não são os Espíritos que assustam os homens. São os homens que atemorizam os Céus com suas belicosas armas impostas por domínios cruéis e insensatez constante.***

Temos esclarecido à saciedade a respeito da natural sobrevivência da Alma após o desenlace do vaso físico e da continuidade da jornada evolutiva no que denominamos Pátria da Verdade — o Mundo Espiritual. Os habitantes do Outro Lado são hoje o que fomos ontem e seremos amanhã. Daí a imprescindível tarefa de promover a União Consciente das Duas Humanidades. Por isso, não deixem de ler minha obra ***Os mortos não morrem!***

DEUS LIVRE DE OPRESSORES

Deslindar a realidade espiritual às massas é a Política de Deus — o Criador liberto dos feudos a que alguns ainda O querem manter subjugado — que propagamos incessantemente. A Religião do Terceiro Milênio, com muita honra, vem perpetuando o trabalho iniciado pelo próprio Cristo Ecumênico, o Divino Estadista, ao revelar ao mundo Seu Mandamento Novo, cuja extraordinária importância o Irmão Alziro Zarur revelou a todos[2]. Trata-se da mais elevada Política, que, uma vez vivenciada, nos capacita a enfrentar qualquer obstáculo, inclusive as armadilhas lançadas pelo "lobo invisível", isto é, o espírito mau.

Ensinou o Bom Pastor[3]:

> — *Novo Mandamento vos dou: amai-vos como Eu vos amei. Somente assim podereis ser reconhecidos como meus discípulos, se tiverdes o mesmo Amor uns pelos outros. Não há maior Amor do que doar a própria vida pelos seus amigos. Porquanto, da mesma forma como o Pai me ama, Eu também vos amo. Permanecei no meu Amor* (Evangelho de Jesus, segundo João, 13:34 e 35; e 15:13 e 9).

Alguns, carpidos pelo excesso de ceticismo atuante, podem pensar resumir-se, o Mandamento Novo

Shakespeare

de Jesus, apenas a palavras, à maneira de **Shakespeare** (1564-1616), que costumava, em sua peça *Hamlet*, criticar a inoperância de tanta gente que muito falava e pouco (ou quase nada) fazia: "*Words, words,*

---

[2] **Zarur revelou a todos** — Leia mais em *Paiva Netto e a Proclamação do Novo Mandamento de Jesus — A saga heroica de Alziro Zarur (1914-1979) na Terra* (2009), primeira publicação da Academia Jesus, o Cristo Ecumênico, o Divino Estadista.

[3] **Bom Pastor** — No Seu Evangelho, segundo João, 10:11, Jesus afirma: "*Eu sou o Bom Pastor. O Bom Pastor dá a vida pelas ovelhas*".

words... (Palavras, palavras, palavras...)". Contudo, nas Instituições da Boa Vontade de Deus, **empenhamo-nos diuturnamente em transformar palavras em atos dignos do Criador e das Suas criaturas**. Essa é tarefa de todos os batalhadores do Cristo, a qual o "lobo invisível" quer impedir.

Mas **a Deus interessa toda criatura espiritual e humana, sem distinção de fé ou mesmo na ausência dela**. Antes de tudo, Ele ausculta os corações. Para os que têm *"olhos de ver e ouvidos de ouvir"*[4], **as barreiras** entre a **Terra** e o **Céu** já caíram. **Já caíram!** Nós é que nos demoramos a perceber. Que possamos, então — pelo exercício da Caridade da Ordem Suprema do Pedagogo Celeste, que é Amor elevado à imensurável potência —, desarmar todas as emboscadas e estratagemas dos trevosos "lobos invisíveis".

BUDA E A ARMADILHA DO SENHOR DO MAL

Buda

É oportuno apresentar-lhes uma passagem da vida do **Buda, Sidarta Gautama** (563-483 a.C.). Assim como todos os grandes emissários que vêm à Ter-

[4] ***"Olhos de ver e ouvidos de ouvir"*** — Encontramos esta citação no Corão Sagrado, 32ª Surata ("As Sajda"): 12: *"Ó Senhor nosso, agora temos **olhos de ver e ouvidos de ouvir**"*. Também no versículo 8 do capítulo 8 do Evangelho de Jesus, conforme os relatos de Lucas, podemos ler: *"Quem tem ouvidos de ouvir ouça"*.

ra cumprir uma missão espiritual ordenada por Deus, o Buda convoca seus discípulos à prática do Bem e da Compaixão como forma de se libertarem e derrotarem o mal. Registra o seu discurso "A armadilha do senhor do mal (2)"[5]:

> *Em certa ocasião, o Iluminado estava em Benares, no Parque do Gamo, em Isipatana. Lá ele se dirigiu aos monges desta forma: (...)*
>
> — "Bhikkhus (monges), *eu estou livre de todas as armadilhas, tanto celestiais* [Mundo Invisível] *como humanas. Vocês também estão livres de todas as armadilhas, tanto celestiais como humanas. Peregrinem pelo bem-estar de muitos, para a felicidade de muitos, por compaixão pelo mundo, para o bem, bem-estar e felicidade de devas*[6] *e humanos (...)".*
>
> *Então, o senhor do mal foi até o Iluminado e se dirigiu a ele em versos:*
>
> *"Você está atado por todas as armadilhas. Você está atado pelo grande grilhão: você não me escapará, contemplativo!"*
>
> *[O Buda:]*

---

[5] **A armadilha do senhor do mal (2)** — É o quinto discurso do *Samyutta Nikaya 4*, que faz parte do *Sutta Pittaka*, o qual integra as tradicionais Escrituras Canônicas do Budismo.

[6] **Devas** — Como são denominados os Seres Espirituais presentes no Hinduísmo e no Budismo. Possuem certa equivalência aos Anjos no Cristianismo.

"Eu estou livre de todas as armadilhas tanto celestiais como humanas; eu estou livre do grande grilhão: você está derrotado, senhor da morte!"

A VISÃO DA ESCADA

No livro Gênesis, de **Moisés**, no capítulo 28, nos versículos de 10 a 17, lemos este interessantíssimo relato sobre o sonho de **Jacó**:

> 10 *Partiu Jacó de Berseba e seguiu para Harã.*
> 11 *Tendo chegado a certo local, ali passou a noite, pois já era sol-posto; tomou uma das pedras do lugar, fez dela seu travesseiro e se deitou para dormir.*
> 12 *E sonhou: Eis posta na terra uma escada, cujo topo atingia o céu; e os Anjos de Deus subiam e desciam por ela.*
> 13 *Perto dele estava o Senhor*[7] *e lhe disse: Eu sou o Senhor, Deus de* ***Abraão****, teu pai, e Deus de* ***Isaque****. A terra em que agora estás deitado, Eu a darei a ti e à tua descendência.*
> 14 *A tua descendência será como o pó da terra; estender-se-á para o Ocidente e para o Oriente, para o Norte e para o Sul. Em ti e na tua descendência serão abençoadas* ***todas as famílias da Terra****.*

---

7 ***"Perto dele estava o Senhor"*** — Leia no segundo volume das *Sagradas Diretrizes Espirituais da Religião de Deus, do Cristo e do Espírito Santo* (1990), de Paiva Netto, a explicação no subtítulo "Espíritos confundidos com Deus".

Escada de Jacó | 1865-66 | Gustave Doré (1832-1883) | Gravura do livro *Ilustrações Bíblicas de Doré*

> 15 *Eis que Eu estou contigo, e te guardarei por onde quer que fores, e te farei voltar a esta terra, porque não te desampararei, até que Eu cumpra tudo aquilo que tenho te falado.*
> 16 *Despertado Jacó do seu sono, disse: Na verdade, o Senhor está neste lugar; e eu não sabia.*
> 17 *E, temendo, bradou: Quão temível é este lugar! É a* ***Casa de Deus, a porta dos Céus****.*

Os nossos Anjos Guardiães, esses Espíritos que sobem e descem a escada de Jacó, anseiam por nos ajudar, e muito! Entretanto, será que desejamos que eles nos acompanhem e auxiliem?

É necessário que urgentemente tomemos a nossa decisão, porque eles, todo o tempo, procuram resguardar-nos dos ataques dos "lobos invisíveis", a coorte de entidades perturbadas, que, na definição do papa Leão XIII, conforme vimos em sua *Oração a São Miguel Arcanjo*[8],

Papa Leão XIII

> — *vagueiam pelo mundo / para a perdição das Almas.*

8 ***Oração a São Miguel Arcanjo*** — Leia a transcrição da prece na p. 31.

Quanto à significação dessa notável passagem da Gênese Mosaica, 28:10 a 17, leiam também, por favor, "A Abrangente Missão do Templo da Boa Vontade", nas *Sagradas Diretrizes Espirituais da Religião de Deus, do Cristo e do Espírito Santo*, volume 2 (1990), ou na edição especial da revista JESUS ESTÁ CHEGANDO! — **Os Quatro Pilares do Ecumenismo**[9], número 129, de junho de 2017.

DIÁLOGO COM OS MORTOS

Dos originais de meu livro *Os mortos não morrem!*, cuja leitura e análise antecipadamente lhes recomendo, trago, por oportuno, trecho do pronunciamento do papa **João Paulo II** (1920-2005) em 2 de novembro de 1983, ao dirigir-se aos fiéis reunidos no Vaticano. Nele, Sua Santidade enfatiza que o diálogo com os mortos não deve ser interrompido:

Papa João Paulo II

> *— Somos convidados a* ***retomar com os mortos****, no íntimo do coração,* ***aquele diálogo que a morte não deve interromper****. (...) Com base na palavra*

[9] **Os Quatro Pilares do Ecumenismo** — Ecumenismo Irrestrito, Ecumenismo Total, Ecumenismo dos Corações e Ecumenismo Divino. Leia mais sobre o assunto no primeiro volume das *Sagradas Diretrizes Espirituais da Religião de Deus, do Cristo e do Espírito Santo* (1987), do autor deste livro.

reveladora de Cristo, o Redentor, estamos certos da imortalidade da Alma. ***Na realidade, a vida não se encerra no horizonte deste mundo.***

(Os destaques são meus.)

PROTEÇÃO CELESTE

Os nossos Anjos Guardiães, esses Espíritos que sobem e descem a escada de Jacó, anseiam por nos ajudar, e muito! Entretanto, será que desejamos que eles nos acompanhem e auxiliem? É necessário que urgentemente tomemos a nossa decisão, porque eles, todo o tempo, procuram resguardar-nos dos ataques do "lobo invisível".

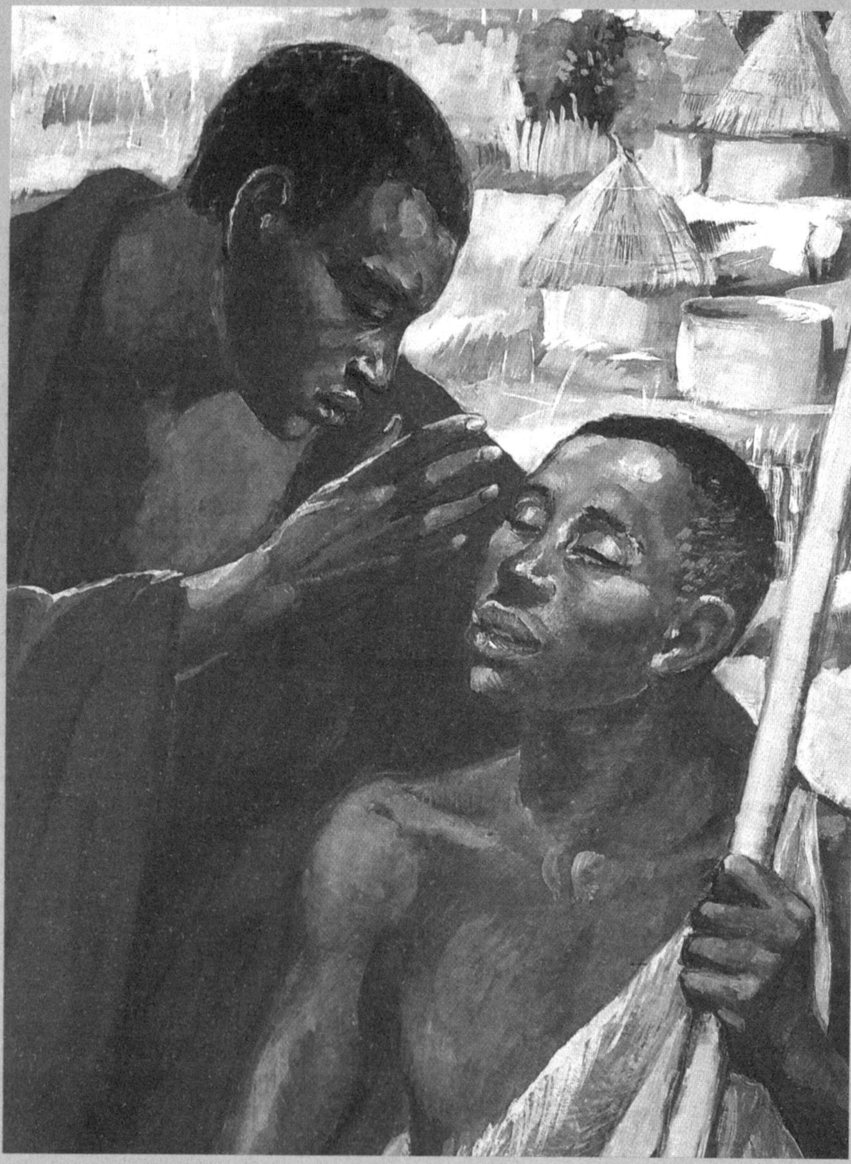

Jesus cura um homem cego | 1973 | Bénédite de La Roncière (série *A vida de Jesus Mafa/Camarões*)

A CIÊNCIA DA CORAGEM

O que significa o Natal Permanente de Jesus, o Cristo Ecumênico, o Divino Estadista, que mencionei anteriormente? É a ambiência melhor para que vivamos em sociedade, Sociedade Solidária Altruística Ecumênica; aquela que propaga **o Ecumenismo que se comove com a dor** e, portanto, **com decisão, atua para levantar os caídos, instruindo-os e alimentando-os, a fim de que, como cidadãos, construam o próprio destino, para o que é urgente espiritualizá-los também**. Nesse trabalho de esclarecimento, não nos furtamos nem mesmo do amparo ao "lobo invisível", merecedor de nossa fraterna misericórdia, jamais do nosso desdém. Trata-se de um espírito obsessor. Oremos sempre por ele. Contudo, fica aquele alerta que fizemos logo na abertura deste livro: não nos esquecermos de que o "lobo" não é vegetariano.

O CRIADOR E O RESPEITO ÀS SUAS CRIATURAS

No entanto, esse grande desiderato exige de cada um de nós **uma atitude de deferência ao Criador por meio da prática solidária entre Suas criaturas**. Aos que ainda Nele não acreditam — os quais também respeitamos —, é prudente promover os mais exalçados sentimentos, tais como a Fraternidade, a Compaixão, a Bondade, a Generosidade, a Justiça, entre outros, que todos possuímos dentro de nós mesmos, **às vezes adormecidos**. E aí, se não os despertarmos, se instala o problema.

Busquemos, pois, condições de galgar, **longe do radicalismo, crente ou ateu**, os degraus do Conhecimento Divino... ou de entender o nosso papel neste mundo, o que nos leva à prática do Bem e a concluir a nossa tarefa como gente civilizada. Senão, viveremos eternamente "batendo com a cabeça na parede". É essencial a compreensão de que **a humildade é uma ciência da coragem**, ao contrário da jactância, que, segundo Provérbios (16:18), constitui o último passo antes da queda. Não sem propósito, **Santo Agostinho** (354-430) assegurava:

Santo Agostinho

— *Deus triunfa sobre a ruína de nossos planos.*

Ainda a respeito do sentido de modéstia, fiz constar em *Reflexões da Alma* (2003) esta assertiva: **Jesus ensinou a humildade, jamais a covardia. O medo paralisa o indivíduo, e Ele determinou aos Seus discípulos ação. Damas e cavalheiros, guardem bem: boa ação!** Estando realmente com o Protetor Divino, ovelhas de Deus, não temam o "lobo invisível", porém os maus atos que vocês mesmas ou vocês mesmos podem praticar. Livrem-se deles, tirando de dentro de si as pérfidas sugestões lupinas.

MERITOCRACIA SUBLIMADA

Paulo Apóstolo

Allan Kardec

Platão

Leibniz

Que cabe, então, à criatura arguta realizar? Conhecer as Leis do Pai Celeste e cumpri-las, não ***"ao pé da letra que mata"***, consoante admoestava **Paulo Apóstolo** (Segunda Epístola aos Coríntios, 3:6), todavia e sempre em Espírito e Verdade, como propunha **Allan Kardec** (1804-1869), e à luz do Novo Mandamento do Cristo — *"Amai-vos como Eu vos amei. Somente assim podereis ser reconhecidos como meus discípulos"* (Evangelho, segundo João, 13:34 e 35) —, *"a Essência de Deus"*, na definição de Alziro Zarur. Assim, tudo encontrará seu porto seguro, no transcurso do tempo e em consonância com o merecimento de cada um, numa visão sublimada da meritocracia de **Platão** (427-347 a.C.), nunca de acordo com os socavões da impunidade espiritual, moral e intelectual. Experimente! Não custa fazê-lo! Mas é preciso paciência e perseverança. **Leibniz** (1646-1716) repetia:

— *Natura non facit saltus*[10] [A Natureza não dá saltos].

Virgílio

Porém, necessário é destacar que o tempo não cessa de transcorrer. E, na concepção de **Virgílio** (70-19 a.C.), na *Eneida*,

— *a fome é má conselheira.*

Por isso, façamos — governos e cidadãos — nossa decisiva parte (Boas Ações), para que não falte a ninguém o alimento espiritual, moral e material.

[10] ***"Natura non facit saltus"*** — O pensamento de Leibniz também é encontrado da seguinte forma: *"Natura non facit saltum"*. A variação de ortografia (*saltus* e *saltum*) exibe mera diferença numeral, porque, em latim, o substantivo ***saltus*** — que significa "salto" — pertence à quarta declinação. Assim, seu singular acusativo é ***saltum*** (salto), enquanto seu plural é ***saltus*** (saltos).

A HUMILDADE É, ACIMA DE TUDO, CORAJOSA

A humildade é uma ciência da coragem, ao contrário da jactância, que, segundo Provérbios (16:18), constitui o último passo antes da queda. Não sem propósito, Santo Agostinho (354-430) assegurava: *"Deus triunfa sobre a ruína de nossos planos"*.

A MISSÃO DOS SETENTA E O "LOBO INVISÍVEL"

– PARTE 3 –

A erudição, quando acompanhada de vasta experiência e de postura humilde diante da Verdade, jamais se precipita. Não aceita radicalismos nem cogita que a Ciência tenha atingido a curul, ou seja, o ápice de sua missão, incluído o fato de que o ser humano nem logrou saber usar parcela significativa da própria capacidade mental. Pode, na atualidade, a ilha avaliar, em toda a sua extensão, o continente?

DEUS É CIÊNCIA

O que vem de Deus é Ciência. Há tempos[1], defendemos que todos os ramos do saber universal compõem a Ciência Divina. Religião é Ciência, Ciência é Religião. Ambas devem honrar a Ciência Moral, que tem pelas criaturas o mais elevado respeito, não as considerando — por uma dedução distorcida provocada pelo "lobo invisível" — ferramenta para fanatização nem reles cobaias. O pensamento, quando sectário, pode sustentar rancores que ensombreçam os olhos da alma de geniais cerebrações. Aliadas, Fé e Razão muito além poderiam fazer pelos povos sequiosos de um mundo melhor.

É fundamental afastar o tabu de que a Fé religiosa esteja restrita aos tolos e aos radicais e de que a Ciência seja reduto apenas dos que possuem intelecto aguçado, mantendo-se, de preferência, distantes do sentimento que liga a Razão ao Espírito Imortal. Convém ressaltar que Racionalidade em demasia, **sem**

---

[1] **Ciência e Fé na trilha do equilíbrio** — Leia a série de artigos com esse título no *blog* PaivaNetto.com. Trata-se de documento encaminhado pelo autor aos participantes da Primeira Sessão Plenária do **Fórum Mundial Espírito e Ciência**, promovido, em outubro de 2000, pelo Parlamento Mundial da Fraternidade Ecumênica — o ParlaMundi da LBV —, localizado em Brasília/DF, ao lado do Templo da Boa Vontade (Quadra 915 Sul — www.tbv.com.br).

o amparo do coração, promove, por exemplo, soluções econômicas[2] que a uns privilegiam e aos demais destroem. Eis uma prova da existência do "lobo invisível", a mal inspirar governantes e governados, até que entrem em choque. A História está plena de episódios como esse.

DEFICIÊNCIA HUMANA E "DIVINDADE"

Em *Reflexões e Pensamentos — Dialética da Boa Vontade* (1987), sem pretender dar uma de conselheiro **Acácio**[3] (risos), escrevi: Muita aberração catalogada na História como de autoria do Criador do Universo nada mais é do que projeções do deus antropomórfico, gerado pelo homem para satisfazer aos seus proveitos. **São, portanto, as próprias deficiências humanas alçadas à condição de divindade.**

A existência terrena particulariza renovação constante. Contudo, o desenrolar dos fatos, para alguns, é um susto. Já para os modestos — perante a Espiritualidade Superior ou a Solidariedade sem fronteiras —, os eventos, no dia a dia, se encaixarão de forma perfeita.

---

2 **Soluções econômicas** — Leia mais no capítulo "Normas de uma Economia Superior", que faz parte dos originais do livro *O Capital de Deus*, de Paiva Netto.

3 **Conselheiro Acácio** — Icônico personagem da obra de **Eça de Queiroz** (1845-1900) *O Primo Basílio*. Ficou conhecido pela exagerada formalidade e pelo jeito moralista e pedante. De seu nome surgiu o adjetivo "acaciano".

E, para que possamos prosseguir em nossa análise, elucidando a ação compulsória do Mundo Invisível sobre os seres terrestres, incluída a ruinosa trama do "lobo invisível", é imprescindível apresentar pontos nevrálgicos. **Urge, portanto, encarar a Verdade que liberta, que rebenta os grilhões da ignorância das Coisas Eternas, sem as quais mentes e corações se tornam paralisados pelo medo que aprisiona.**

Bem oportuna é a ponderação de meu saudoso amigo, o professor e pastor presbiteriano **Jonas Rezende** (1935-2017), acerca da visão renovada que precisamos ter ao tratar das questões espirituais transcendentes:

> *Existe, porém, na busca sobrenatural e do transcendente, a necessidade de abandonar velhas trincheiras e concepções que foram sendo superadas pela maturidade do ser humano até se tornarem completamente obsoletas, num processo que se impõe, uma vez que a evolução é incessante e irreversível. (...)*
>
> *Mas é preciso ter em mente que a aproximação consciente do elemento sobrenatural nos revela hoje, com oportuna nitidez, a face oculta da Natureza, e em particular da natureza humana, como um testemunho verdadeiro de que o homem pôde dar um passo a mais.*

A CIÊNCIA É INFALÍVEL, OS CIENTISTAS, NÃO

Ao meditarmos a respeito do urgente papel da Ciência no **deslindamento de nossa vida incorpórea**, faz-se necessário alcançar que, enquanto certos pesquisadores negam determinada realidade — alicerçados nos parâmetros que julgam inquestionáveis —, seus pontos de vista, talvez prematuros, podem tornar-se verdade irredutível aos que têm a palavra deles como instância derradeira. Isso causa os mais terríveis prejuízos ao progresso, até que a Ciência mesma, apoiada em novos fundamentos, trazidos **por gente de cerebração precursora**, venha a reconhecer como superados muitos conceitos até então vigentes. É claro que **não é ela, a Ciência, que se desdiz, porém alguns dos seus cultores**, por mais bem avaliados que sejam pela opinião de seus pares. Durante palestra, que proferi de improviso, em 29 de outubro de 2005, no Rio Grande do Sul, ponderei que **a Ciência é infalível, os cientistas, não**.

ELE NÃO ERA LOUCO

Aponto, como referência, o conceito revolucionário do sábio britânico *sir* **Gilbert Thomas Walker**[4] (1868-1958), com sua "Oscilação Sul" ou "Gangorra

[4] **Gilbert Thomas Walker** (1868-1958) — Físico e professor de Eletrodinâmica na Universidade de Cambridge, na Inglaterra.

Intrigante". A descoberta dele modificou a compreensão acerca dos efeitos do *El Niño* no planeta Terra. Apesar disso, sua tese foi, de imediato, rechaçada pelos seus contemporâneos. Contudo, atualmente, segundo o dr. **Matt Huddleston**[5], consultor principal do Met Office, Departamento de Meteorologia do Reino Unido,

> — *o incrível sobre o trabalho de Gilbert Walker é que ele foi uma das primeiras pessoas no campo da meteorologia que pensaram grande, ligando os padrões de tempo de continentes diferentes. (...) As ideias grandiosas dele foram criticadas na época, porque as pessoas não entendiam que o tempo e o clima de uma área podiam estar ligados a outra parte do globo. E realmente isso o prejudicou.*

Muitas foram as ironias sofridas por Gilbert promovidas por seus colegas. Mais tarde, no entanto, con-

---

[5] Nota de Paiva Netto

Matt Huddleston — É o consultor principal sobre mudanças climáticas no Met Office, Departamento de Meteorologia do Reino Unido. Sua *expertise* é em sistemas de previsão do clima e previsão baseada em riscos, tendo sido anteriormente gerente de Ciência do Centro Hadley, do Met Office. Para ilustrar meu raciocínio, transcrevi trechos do depoimento do dr. Matt Huddleston à BBC, durante o documentário *The life and times of El Niño*, veiculado pelo Discovery Channel. É evidente que neles, ao citar *"as pessoas"*, falava dos colegas do dr. Gilbert Walker.

firmou-se que ele estava certo. De louco, Walker não tinha nada. Os outros é que andavam distraídos.

Ora, quem determina que a verdade é verdadeira? (risos) Os pesquisadores, que amanhã retificarão os seus conceitos antes apreciados por eles como cláusula pétrea, ou a modéstia exigida pela sabedoria? **A erudição, quando acompanhada de vasta experiência e de postura humilde diante da Verdade, jamais se precipita.** Não aceita radicalismos nem cogita que a Ciência tenha atingido a curul, ou seja, o ápice de sua missão, incluído o fato de que o ser humano nem logrou saber usar parcela significativa da própria capacidade mental. **Pode, na atualidade, a ilha avaliar, em toda a sua extensão, o continente?**

DEUS CRIOU O COSMOS

Ao refletir sobre a descoberta do Deus que é Amor, Ciência, Filosofia, procuro fortalecer nas mentes a importância do cumprimento fiel de nossas responsabilidades perante o Pai Celestial, fundamentado nas **fraternas diretrizes deixadas por Jesus**, no Seu Evangelho, segundo Lucas, 10:1 a 24, que transcreveremos na quarta parte deste livro.

E o Supremo Arquiteto do Universo, Deus, estabelece, por intermédio do Cristo Ecumênico, o Divino Estadista, esses ordenamentos repletos de meios para ampliar a missão em realizações elevadas à enésima potência, isto é, ao máximo do que se pode conceber...

O Cosmos pertence às criaturas que se alçaram, pelos seus próprios esforços, à atenção do Criador. Evidentemente que não é para fazer da Casa de Deus uma bagunça! Mas Ele é Pai! Claro que — é preciso salientar — não estou me referindo àquele deus (com inicial minúscula) que manda matar até crianças, salgar o chão, para que ali nada mais possa nascer. Esse não é o Deus de Amor de que nos fala João, Evangelista e Profeta, em sua Primeira Epístola, 4:8. Na verdade, ordens estapafúrdias tidas como do Pai Celestial eram inspiradas por espíritos sem luz ("lobos invisíveis"), **que se aproximavam daquelas pessoas e sopravam essas iniquidades aos seus ouvidos**. Porém, como a concepção a respeito da existência do Mundo Espiritual **era quase nula**, elas acreditavam que as **intuições malfazejas** lhes eram insufladas por Deus[6]. Então, essa "divindade", apontada por elas, é pior do que os maiores genocidas conhecidos na Terra. Podemos até mesmo inferir que a ideia de um deus antropomórfico é atordoante inspiração do "lobo invisível". Desse deus, com **"d" minúsculo**, queremos distância, em nome do Pai, do Filho e do Espírito Santo!

EQUAÇÃO DAS EQUAÇÕES

Falo-vos, repito, de um Deus que é Amor, que, um dia, **a Ciência, que também é divina**, honrará

Einstein

numa Equação Celeste[7]. A da Relatividade transformou o mundo. E **Einstein** (1879-1955), que não é o Pai Celestial, trouxe-nos com ela magníficas revelações. Ele próprio não esconde a sua sensitivida-

[6] **Parte humana e Parte Divina da Bíblia** — Leia mais sobre esse avançado ponto iniciático revelado pelo saudoso Irmão Zarur em *A Bíblia para o Povo* (1988) e no segundo volume das *Sagradas Diretrizes Espirituais da Religião de Deus, do Cristo e do Espírito Santo* (1990).

[7] **Equação Celeste** — Leia o capítulo "Deus, Equação e Amor" no livro *Crônicas e Entrevistas* (2000), do escritor Paiva Netto.

de mediúnica nas suas descobertas[8]. O célebre cientista judeu-alemão, sabendo ou não sabendo, possivelmente andava à procura do entendimento racional — livre de castradores preconceitos, dogmatismos ou tabus alimentados pelo ceticismo radical — a respeito da Essência Criadora, Deus, quando meditava sobre sua Teoria do Campo Unificado[9] (que era sua tentativa de descrever a Teoria de Tudo[10]). Como possuía mente aberta, com certeza já estaria hoje trabalhando na Teoria DO Tudo — Aquele que a toda estrutura viva do Cosmos projetou e anima, Deus!

---

[8] **Mediunidade de Einstein** — Leia mais em "Einstein e a intuição", nas *Sagradas Diretrizes Espirituais da Religião de Deus, do Cristo e do Espírito Santo*, volume 3 (1991).

[9] **Teoria do Campo Unificado** — No intuito de unificar sua teoria da relatividade geral com o eletromagnetismo, por meio do estudo de campos clássicos, Albert Einstein tomou para si a tarefa de desenvolver a Teoria do Campo Unificado — um tipo de Teoria de Tudo. O físico alemão foi um dos primeiros, dentro da ciência contemporânea, a trabalhar no tema, ao qual dedicou os últimos anos de sua vida, não conseguindo, contudo, concluir a empreitada antes de falecer.

[10] **Teoria de Tudo** — O conjunto de teorias que visa conectar todos os eventos e ramos da Física em uma única teoria. Atualmente, muitos estudos, tais como o das Supercordas, Gravidade Quântica em *Loop*, pretendem unificar as duas principais vertentes da Física contemporânea, denominadas Relatividade Geral e Mecânica Quântica. Muitos pesquisadores acreditam que, se isso for alcançado, estaremos, de fato, no caminho da elaboração desse grande princípio, uma efetiva teoria de gravidade quântica. O cosmólogo britânico **Stephen Hawking** (1942-2018) foi um dos grandes fomentadores da Teoria de Tudo.

CUIDADO COM LIMITAÇÕES IDEOLÓGICAS

Nada mais prejudicial do que um ser humano quando estabelece uma ideologia qualquer como único fato verdadeiro, do qual ninguém é capaz de se afastar. Todavia, quem disse que esse ou aquele sistema de ideias é o único, completo e ideal? Vem ao nosso encontro o pensamento do professor emérito de Química e Estudos da Ciência **Henry H. Bauer** e reitor da Faculdade de Artes e Ciências do Instituto Politécnico e Universidade Estadual da Virgínia, EUA (conhecido como *Virginia Tech*), que escreveu:

> — *Os historiadores do futuro olharão para trás e verão a nossa era como a época em que a Ciência induziu o mundo inteiro ao erro, pois, em conluio com poderosas forças comerciais e ideológicas movidas por interesses próprios, a Ciência sucumbiu ao dogmatismo de mente fechada.*

Isso corrobora o fato de que, infelizmente, ainda há grei dogmática no meio científico. Logo, pode ser levada a não admitir uma inteligência superior à da criatura. Diante disso, passa a considerar como sua uma tarefa que não lhe cabe, porque a missão da Ciência é abrir as mentes para a realidade extraordinária da Fonte Inesgotável de todo o Conhecimento, o Alimento Universal disposto à mesa, à Ceia para a qual Deus, o Cientista dos cientistas, nos convida, a fim de que possamos fartamente abastecer-nos:

> — *Eis que estou à porta e bato; se alguém ouvir a minha voz e abri-la para mim, entrarei em sua casa e* ***cearei*** *com ele, e ele, comigo* (Carta de Jesus à Igreja em Laodiceia — Apocalipse, segundo João, 3:20).

ALIMENTO ESPIRITUAL-CIENTÍFICO

Sobrevivamos todos, em primeiro plano, daqui para a frente, com esse alimento espiritual-científico, prometido pelo Cristo — que é UM com o Pai (Evangelho, segundo João, 10:30) —, no Livro das Profecias Finais, na Sua Carta à Igreja em Éfeso, 2:7:

> — *Quem tem ouvidos de ouvir ouça o que o Espírito diz às igrejas do Senhor:* ***Ao vencedor, darei a comer os frutos da Árvore da Vida Eterna que se encontra no paraíso de meu Deus.***

Jesus não nos mandou ao mundo para a derrota. E, quando falo em vitória, não me refiro à do "lobo" que tripudia sobre os vencidos. Pelo contrário. Destaco, sim, o sucesso espiritual, pessoal, íntimo, moral, ético, que permite que **o vitorioso também torne a outros vencedores.**

NINGUÉM É DITADOR DE CONHECIMENTO

No tocante à vida espiritual, no capítulo "*Ecce Deus!*" (Eis Deus!), extraído de minhas palestras pela Super Rede Boa Vontade de Rádio, constante de *Crônicas e Entrevistas* (2000), afirmei que determinados pensadores, quando ingressam na área da intuição, da existência eterna, se assemelham muita vez a crianças pequenas e inexperientes, como que engatinhando nesse campo, a ponderar que o Espírito tenha a ver unicamente com horrores sobrenaturais, expostos nos filmes de Hollywood. Por exemplo, alguns, quando me assistem fazer referência ao "lobo invisível", podem crer que eu esteja aludindo ao "lobisomem", ao "boitatá", ao "vampiro da Transilvânia" ou à "mula sem cabeça, que bota chamas pelas ventas". Até hoje não entendi bem essa história de mula sem cabeça. Vejam bem: sem cabeça, que bota chamas pelas ventas (risos). O assunto do "lobo" é bem mais sutil, em razão da onda materialista que nos avassala, conforme discorri no início desta obra.

Será que tudo o que há no Universo já foi alcançado pela noção intelectual contemporânea? O nosso presente desenvolvimento mental é o limite da sabedoria?

Ora, o ser humano nem atingiu o grau do **Conhecimento**, mas apenas algumas perspectivas dele!

Não menosprezo o esforço de quem quer que seja. Seria pretensão de minha parte. Entretanto, é uma realidade que se comprova: ninguém é senhor do saber pleno. Aliás — custa-me concluir —, a uns falta, às vezes, também a coragem intelectual para desvendar, sem preconceitos e tabus, **as regiões espirituais**... E é aí que se encontra a chave maga (atenção: é **maga** mesmo!) para o ser humano não se tornar a presa predileta do "lobo invisível", ou obsessor. Há alguns que se assustam com filmes de terror. Mas **Emmanuel** (Espírito) diz que, se **Deus permitisse alguns minutos de visão espiritual à humanidade, esta morreria estarrecida com o que veria**. E o **Irmão X**, em sua obra *Lázaro Redivivo,* pela psicografia do médium espírita **Chico Xavier** (1910-2002), Legionário da Boa Vontade nº 15.353, apresenta semelhante abordagem acerca das infelizes entidades congregadas no astral inferior:

Emmanuel

Chico Xavier

— *Se o olho humano pudesse identificá-los, possivelmente cessaria a continuação da vida na carne* [no planeta Terra]. *Coletividades inteiras abandonariam o templo do corpo físico, tomadas de infinito e indomável pavor.*

Por que isso?! Porque a humanidade vive presa às esferas mais inferiores do Mundo Espiritual e liga-se muito pouco aos páramos celestiais, onde governam a exaltação do Bem e a beleza.

DOGMATISMO CIENTÍFICO É ABERRAÇÃO

Talvez achem que tudo caminha muito bem na restrita esfera da razão... E digo-o com o devido respeito, ciente de que setor algum do pensamento terrestre possui a chave de todos os mistérios e méritos. O saber humano não permanece enclausurado em departamentos estanques. **Dogmatismo científico é aberração.**

Ademais, a Ciência neste mundo, apesar dos seus extraordinários feitos, ainda é muito nova. Sob o aspecto experimental, ela vem de pouco tempo. No século 16, **Galileu Galilei** (1564-1642) tornou-se o pai da Ciência moderna. Podemos considerar que dá os primeiros vagidos no instante em que Galileu dirige seu famoso telescópio para o céu e começa a se impor com a publicação do polêmico livro *Diálogo sobre os dois principais sistemas do mundo*, que lhe custou a conhecida perseguição e o confinamento domiciliar.

Ao refletir sobre esses assuntos, na verdade estou ponderando acerca do inestimável valor da Ciência — para a qual não deve haver qualquer espécie de barreira dogmática à investigação da existência efetiva do Mundo dos Espíritos, muito menos quando levantada por expoentes

Galileu mostra as luas de Júpiter | 1876 | Fortuné Louis Méaulle (1844-1901) | Gravura da coleção *Vida dos pensadores ilustres*

dela. Ponho-me, sim, a exaltar os grandes vanguardeiros, quando não tiveram a compreensão dos próprios pares. Como poderia ser contrário a tão destacado ramo da criatividade humana se vivo utilizando alguns de seus maiores contributos para o progresso das nações: a imprensa, o rádio, a televisão, a internet, a medicina...? Não pôr à mesa a discussão desses temas, que dizem respeito a verdadeiros continentes espirituais, que nos cercam, e a seus moradores (nós amanhã), é colocar em grave risco a libertação de bilhões de pessoas pelo planeta afora.

CONSIDERAÇÕES

Alguém pode indagar o porquê de eu ainda não ter entrado na leitura da passagem bíblica acerca da Missão dos Setenta Discípulos de Jesus e da Sua instrução contra os "lobos invisíveis". Explico, tranquilamente, uma vez mais: o "lobo" de que lhes vou falar não é o da historinha da Chapeuzinho Vermelho, que acabou sendo morto pelo caçador. Entre esses "lobos", de que trataremos, **há muitos bons em dialética**. Por isso, o meu cuidado em despertar novos setenta x setenta x setenta x setenta x setenta, que Deus sempre mandará ao mundo.

Estejamos atentos ao que nos relata o Apocalipse, no capítulo 10, versículos de 8 a 11, evidenciando o privilégio que é servir a Jesus. No entanto, não sejamos ingênuos, pois encontraremos dificuldades pelo caminho:

OS ANJOS E OS SETE TROVÕES. JOÃO E O LIVRINHO

8 A voz que ouvi, vinda do céu, voltou a falar comigo, para ordenar: Vai e toma — da mão do Anjo que se acha em pé sobre o mar e sobre a terra — o livro aberto.
9 Fui, pois, ao Anjo, dizendo-lhe que me desse o livrinho. Ele, então, me falou: Toma-o e devora-o; certamente, ele será amargo ao teu estômago; mas, na tua boca, doce como mel.
10 Tomei o livrinho da mão do Anjo e o devorei; e, ***na minha boca, era doce como mel; quando, porém, o engoli, causou-me amargor no ventre****.*
11 Então, me disseram: Importa ainda ***profetizes a muitos povos, nações, línguas e reis****.*

* * *

ADENDO

"A CIÊNCIA NÃO ESTÁ EQUIPADA PARA CONFINAR DEUS EM UM TUBO DE ENSAIO"

Do documentário *A História de Deus*, da BBC, no episódio "Fé e Ciência", exibido no Brasil em fevereiro de 2006, pelo Discovery Channel, vale salientar essas considerações do apresentador do programa, o professor e cientista dr. **Robert Winston**[11], que, de

[11] **Robert Winston** — Segundo o *site* Jornal da Ciência, de 6 de novembro de 2002, Robert Winston, como professor de Estudos de Fertilidade do

certa maneira, vêm ao encontro do nosso ponto de vista. Argumenta ele:

> — *A Ciência e a Religião são sistemas separados; são formas diferentes de se olhar o mundo natural. Ambas têm um importante papel. Só acho que elas não deveriam falar de certezas. O maior perigo para o homem tanto da Ciência quanto da Religião é quando a incerteza é substituída pela certeza...* ***A Ciência não está equipada para confinar Deus em um tubo de ensaio.***
>
> (O destaque é meu.)

REFLEXÃO

Na opinião do acatado dr. *sir* Robert Winston, *"a Ciência e a Religião são sistemas separados; são formas diferentes de se olhar o mundo natural. Ambas têm um importante papel"*. Corretíssimo. De fato, são dois campos com autonomia de ação. O que por vezes ainda falta é o reconhecimento do progresso advindo de um intercâmbio saudável de saberes. Independência não se deve traduzir em barreiras intransponíveis.

Imperial College da Universidade de Londres, é um pioneiro em trabalhos de medicina reprodutora e fertilização *in vitro*. É uma das principais vozes no debate sobre engenharia genética e tem se concentrado em levar os progressos científicos a séries de televisão voltadas para os leigos no assunto. Winston é também escritor, locutor e lorde britânico.

Ora, elas ainda em muitas mentes se erguem por causa da inspiração mesma de alguns exegetas, que honestamente pensam acreditar no Criador, porém muito distante do Deus Divino exaltado, com tanta poesia, por Zarur. **Podem encontrar-se, na realidade, intelectualmente magiados pelo sinistro deus concebido à imagem e semelhança do ser humano infrene, dileto servidor do "lobo invisível", expressivo e insidioso dialeta, razão por que possui tantos seguidores.**

Ainda em *Crônicas e Entrevistas* (2000), concluo, no capítulo "Deus, Equação, Amor", que o maior estorvo para o grande amplexo entre Religião e Ciência, que são irmãs, **é a continuação, no palco do saber, do deus antropomórfico, que não prejudica somente o laboratório, como também o altar.**

POEMA DO DEUS DIVINO

Para seu deleite, seguem aqui alguns versos do magnífico "Poema do Deus Divino", de Alziro Zarur:

O Deus que é a Perfeição, e que ora eu tento
Cantar em versos de sinceridade,
Eu nunca O vi, como em nenhum momento
Vi eu o vento ou a eletricidade.

Mas esse Deus, que é o meu eterno alento,
Deus de Amor, de Justiça e de Bondade,
Eu, que O não vejo, eu O sinto de verdade,
Como à eletricidade, como ao vento.

....

....

....

Pois creio é nesse Deus imarcescível
Que ampara a humanidade imperfeitíssima:
Deus de uma Perfeição inacessível
À humana indagação falibilíssima.

Detalhe do Salão Nobre do Templo da Boa Vontade (TBV), em Brasília/DF, Brasil (*vide* p. 383), no qual Paiva Netto fez colocar em letras de bronze trecho do "Poema do Deus Divino", de Alziro Zarur (1914-1979)

REPERCUSSÃO

Gostaria, por fim, de registrar a minha satisfação ao tomar ciência — por intermédio de cartas, *e-mails* e depoimentos na Super Rede Boa Vontade de Comunicação (rádio, TV, publicações e internet) — de que jovens (de todas as idades) estão estudando, com afinco, as matérias doutrinárias ecumênicas da Religião de Deus, do Cristo e do Espírito Santo, a Religião do Amor Universal, publicadas na revista JESUS ESTÁ CHEGANDO!

A repercussão desses meus humildes escritos traz à minha Alma a alegria de contribuir para o fortalecimento espiritual e consequentemente material daqueles que buscam, no Evangelho-Apocalipse do Cristo Ecumênico, o Divino Estadista, em Espírito e Verdade, à luz do Seu Novo Mandamento (João, 13:34 e 35; e 15:12 a 17 e 9), o lenitivo para os dramas da existência humana.

NINGUÉM É DONO DO SABER PLENO

Ninguém é senhor do saber pleno. Aliás — custa-me concluir —, a uns falta, às vezes, também a coragem intelectual para desvendar, sem preconceitos e tabus, **as regiões espirituais**... E é aí que se encontra a chave maga (atenção: é **maga** mesmo!) para o ser humano não se tornar a presa predileta do "lobo invisível", ou obsessor.

A MISSÃO DOS SETENTA E O "LOBO INVISÍVEL"

– PARTE 4 –

Jesus não mandou Seus discípulos ser alimento fácil para "lobos invisíveis", espíritos obsessores. Ele os alertou, isso sim, sobre a natureza hostil deste orbe ainda borrascoso, instruindo-os sobre como se desenvolver para alcançar sucesso nas suas missões. Dessa maneira é que age um amigo.

Cristo, o Consolador | 1875 | Carl Bloch (1834-1890) | Óleo sobre tela | 251 x 170 cm | Altar da Igreja de Landskrona, Suécia

MENSAGEM REDENTORA DO EDUCADOR CELESTE

Nos relatos sobre as palavras e os exemplos de Jesus, consoante Lucas, 10:1 a 24, encontramos notável passagem em que o Cristo de Deus entrega importante missão aos setenta discípulos, que, mais tarde, no mundo, pelo processo da reencarnação, continuariam, no decorrer dos séculos, a propagar a Redentora Mensagem do Educador Celeste.

Seguindo fraterna sugestão do Irmão **Flexa Dourada** (Espírito), **proponho-lhes esta leitura em voz alta**. Em reunião do Centro Espiritual Universalista (CEU) da Religião de Deus, do Cristo e do Espírito Santo, no dia 16 de junho de 2018, pela mediunidade do sensitivo Cristão do Novo Mandamento Chico Periotto, esse Amigo do Mundo da Verdade declarou:

> — *Se a humanidade lesse um capítulo por dia da Bíblia Sagrada, ela seria bem melhor. (...) Que as famílias leiam em voz alta dentro de casa. Vão espantar muitos obsessores, os "lobos invisíveis" que o Irmão de Paiva combate; vão tirar aqueles que não têm nada a ver com os Espíritos daquela família*

e vão ajudar os Irmãos Espirituais no trabalho da segurança espiritual. Tudo depende de as famílias fazerem a sua parte. Enfrenta-se o mal com o Evangelho de Jesus. Essa é a grande receita!

Convido-os, portanto, à inspiradora leitura, criando essa **magia espiritual do Bem**:

A MISSÃO DOS SETENTA DISCÍPULOS

(Evangelho, segundo Lucas, 10:1 a 24)

1 Depois disto, o Senhor designou ***outros*** *setenta;*
e os enviou de dois em dois, para que O precedessem
em cada cidade e lugar aonde Ele estava para ir.
2 E lhes fez a seguinte advertência: A seara é gran-
de, mas os trabalhadores são poucos. ***Rogai, pois, ao***
Senhor da seara que mande trabalhadores para
a Sua seara.
3 Ide! ***Eis que vos envio como cordeiros para o***
meio de lobos[1].
4 Não leveis bolsa, nem alforje, nem sandálias; ***e a***
ninguém saudeis pelo caminho.

---

1 ***"Cordeiros para o meio de lobos"*** — No Evangelho de Jesus, segundo Mateus, 10:16, encontramos a seguinte versão dessa importante ordem do Cristo: *"Eis que Eu vos envio como ovelhas para o meio de lobos. Sede, portanto,* ***simples como as pombas, mas prudentes como as serpentes****"*.

5 *E, em qualquer casa onde entrardes,* ***dizei antes***
de tudo: Paz seja neste lar!
6 *E, se houver ali algum filho da paz, repousará so-*
bre ele a vossa paz; se não houver, ***a paz voltará para***
vós.
7 *Permanecei no mesmo lugar, comendo e bebendo*
do que eles tiverem, ***pois digno é o trabalhador do***
seu salário. ***Não andeis de casa em casa.***
8 *Quando entrardes numa cidade e ali vos recebe-*
rem, comei do que vos for oferecido.
9 ***Curai os enfermos*** *que nela houver e anunciai-*
-lhes: ***Está próximo o Reino de Deus!***
10 *Quando, porém, entrardes numa cidade e não*
vos receberem, ***saí pelas ruas e clamai****:*
11 *Até o pó que da vossa cidade se nos pegou aos pés*
sacudimos sobre vós. ***Não obstante, sabei que está***
próximo o Reino de Deus.
12 *Digo-vos que, no Dia do Julgamento, haverá*
menos rigor para Sodoma do que para aquela cidade
[que não quis ouvir o chamamento do Senhor].

AI DAS CIDADES IMPENITENTES!

13 *Ai de ti, Corazim! Ai de ti, Betsaida! Porque,*
se em Tiro e em Sídon, se tivessem operado os mi-
lagres que em vós se fizeram, há muito que elas se
teriam arrependido, assentadas em panos de saco
e cinza.

14 *Contudo, no Dia do Juízo Final, haverá me-
nos rigor para Tiro e Sídon do que para vós outras*
[Corazim e Betsaida].
15 *E tu, Cafarnaum, serás elevada, porventura, até
ao céu? Pelo contrário, descerás até ao inferno.*
16 *E, dirigindo-se de novo aos Seus discípulos, disse-
-lhes: Quem vos der ouvidos a mim me ouve; e quem
vos rejeitar a mim me rejeita; quem, porém, me re-
jeitar rejeita Aquele que me enviou.*

O REGRESSO DOS SETENTA

17 *E voltaram os setenta com alegria, dizendo: Os
próprios espíritos da treva se nos submeteram pelo
Teu nome, Jesus!*
18 *Mas Ele lhes respondeu: Eu via satanás caindo
do céu como um relâmpago.*
19 *Eis que vos dei autoridade para pisardes serpen-
tes e escorpiões e sobre todo o poder do inimigo, e
nada, absolutamente nada, vos causará dano.*
20 *Não obstante, alegrai-vos, não porque os espí-
ritos se vos submetem, **e sim porque o vosso nome
está inscrito nos céus**.*

JESUS, O SALVADOR DOS HUMILDES

21 *Naquela hora, exultou Jesus no Espírito Santo e
exclamou: Graças Te dou, ó Pai, Senhor do Céu e da
Terra, **porque ocultaste estas coisas aos sábios e***

instruídos do mundo e as revelaste aos pequeni-
***nos**. Sim, ó Pai, porque assim foi do Teu agrado.*
22 ***Tudo me foi entregue por meu Pai.** Ninguém*
sabe quem é o Filho, senão o Pai; e também ninguém
*sabe quem é o Pai, senão o Filho **e aquele a quem o***
***Filho O quiser revelar**.*
23 *E, voltando-se para os Seus discípulos, Jesus disse-*
*-lhes particularmente: **Bem-aventurados os olhos***
que veem as coisas que vós vedes.
24 ***Pois Eu vos afirmo que muitos profetas e reis***
quiseram ver o que vedes e não o viram; e ouvir
o que ouvis e não o ouviram.

PRIMEIROS COMENTÁRIOS

O Evangelho de Jesus é um compêndio de ensinamentos espirituais para reeducar as nossas Almas. É a maior riqueza do mundo! Por isso, vamos perscrutar esses versículos de luz em minúcias, nas páginas que seguem. Notem, no princípio dessa extraordinária passagem, que os discípulos partiram designados pelo Divino Mestre, dois a dois, a fim de que O precedessem em cada cidade ou em lugares por onde estivesse para ir. Contudo, preveniu-lhes:

— *A seara é grande, **mas os trabalhadores são poucos. Rogai, pois, ao Senhor da seara que mande trabalhadores para a Sua seara.***

Jesus (Lucas, 10:2; e Mateus, 9:37 e 38)

É o que estou mais uma vez fazendo em um ano que surge (era o início de 2005), anunciando muitas lutas, porém igualmente admiráveis conquistas, como revela o preclaro Irmão dr. Bezerra de Menezes (Espírito):

— *Ano de grandes desafios e de vitórias extraordinárias.*

Rogo, sem cessar, ao Criador que aproxime das Instituições da Boa Vontade (IBVs) as Almas — encarnadas e desencarnadas, visto que **os mortos não morrem** — que têm comprometimento com estes Sagrados Ideais. Trabalhadores que verdadeiramente se empenhem nesta Seara Divina. Por isso, defini, na "Carta ao Jovem de Boa Vontade"[2]: **valentia, na Religião de Deus, do Cristo e do Espírito Santo, é assumir um compromisso e levá-lo honrosamente até o fim**. Essa é a decisão que o Senhor da Semeadura espera de nós.

RESPOSTA DE EMMANUEL

Em 5 de dezembro de 1956, às 23 horas — por intermédio do notável sensitivo Francisco Cândido Xavier, que ainda residia em Pedro Leopoldo/MG —,

---

[2] **"Carta ao Jovem de Boa Vontade"** — Leia essa antológica página de Paiva Netto em sua obra *Sagradas Diretrizes Espirituais da Religião de Deus, do Cristo e do Espírito Santo*, volume terceiro (1991).

respondeu Emmanuel à seguinte indagação do sempre lembrado Irmão Alziro Zarur:

> ***Pergunta*** — *Todos já se apresentaram, ou há outros que estão por surgir (na Legião da Boa Vontade), de acordo com os desígnios de nosso Mestre e Senhor?*

> ***Emmanuel*** — *Estejamos convictos de que as Legiões do Amor receberão, constantemente, novos recursos de cooperação, por intermédio daqueles que se lhes agregam à bandeira do Bem.*

LANÇANDO SEMENTES DO IDEAL ECUMÊNICO

O Divino Mestre não deixa de lançar as sementes da Sua Boa Nova. Elas caem em diversos pontos: em terreno árido coberto de pedras; à beira das estradas, pelas quais pés distraídos transitam amassando-as; mas também **se deparam com o solo fértil** e nele crescem, **sendo regadas com os ensinamentos do Seareiro--Mor** e, por conseguinte, **vão sobejamente fornecendo** frutos e mais frutos da melhor qualidade:

> — *Outra* [semente] *caiu em boa terra, deu boa colheita, a cem, a sessenta, a trinta por um.*
>
> Jesus (Mateus, 13:8)

Essa é a confiança que deposito no fervor de vocês por esta Obra, porque sei que assim o Cristo Ecumênico, o Sublime Estadista, o deseja.

VENCER AS ARTIMANHAS DO PREDADOR

O ensinamento de Jesus, o Sublime Estratego, é claro: *"Eis que Eu vos envio como cordeiros para o meio de lobos"*, e aquilo que Ele sabe, que aprendeu com o Pai — no Evangelho e no Apocalipse —, transmite a Seus discípulos para que possam defender a si mesmos e aos demais dos "lobos invisíveis". Isto é, para que conheçam as artimanhas do predador; todavia, não as absorvam, tingindo de escuridão as suas Almas, nem caiam em suas insinuações malévolas, porque visam à destruição das ovelhas, produzindo-lhes dores indizíveis, causadas pelo pensamento desgovernado.

OVELHAS E LOBOS

Vamos nos aprofundar ainda mais nesta diretiva do Cristo:

> — ***Ide! Eis que vos envio como cordeiros para o meio de lobos*** (Evangelho, segundo Lucas, 10:3).

Jesus não mandou Seus discípulos ser alimento fácil para "lobos invisíveis", espíritos obsessores. Ele **os alertou**, isso sim, sobre a natureza hostil deste orbe ainda borrascoso, instruindo-os sobre como se desenvolver para alcançar sucesso nas suas missões. Dessa maneira é que age um amigo. Ou vocês entregam uma tarefa a um trabalhador da Seara e não o aparelham? Aquele que assim o faz é, no mínimo, incompetente ou não se interessa pelo bem dos cordeiros que por Deus lhe foram confiados.

Até para tomar conta de uma porta, o sentinela tem de ser instruído a respeito de como agir. Não se dá uma incumbência a quem quer que seja sem lhe ensinar o que se sabe sobre ela, tendo-se em vista o bom resultado que se espera do discípulo. Senão, toda obra no mundo sofreria constante solução de continuidade. Significa que **não conseguiria avançar, pois, a**

cada ingresso de novos valores, necessitaria retornar ao início, em consequência da falta de orientação e de treinamento correto dos novatos. Só criminoso ou criminosa procede assim com quem dele ou dela depende: permitir que quebre a cara, como se diz popularmente, em qualquer empresa na qual desempenha função da mais simples até a da mais alta confiança. Trata-se, tal comportamento, da ação espúria do "lobo invisível" dentro da própria casa. Atitude covarde, não somente grave infração perante as leis morais da Terra, mas, sobretudo, diante dos Preceitos de Deus.

Ao nos advertir, em Seu Evangelho, agora segundo Mateus, 10:16 — *"Eu vos envio como ovelhas para o meio de lobos.* ***Sede, portanto, simples como as pombas, mas prudentes como as serpentes****"* —, o **Cristo avisa-nos** claramente **para onde nos destina** em árdua e gloriosa missão **e aponta-nos o comportamento correto**, que devemos manter para a nossa própria defesa, nas jornadas da vida, como fiéis trabalhadores de Deus: **simplicidade aliada à prudência**.

O LEGADO DA PERSEVERANÇA

O Celeste Provedor deixou-nos, no Seu Evangelho, segundo Lucas, 21:19, o Legado da Perseverança:

— *Na vossa perseverança, salvareis as vossas Almas.*

Então, perseveremos no Bem!

No que tange à postura de cordeiros, é bom ressaltar que **Jesus não nos aconselha a oferecer o pescoço para servir de banquete a uma alcateia voraz**, porquanto seria a negação pura e simples do que Ele afirma ao censurar, em Sua Boa Nova, conforme os relatos de João, 10:12 e 13, o mercenário que abandona as ovelhas.

> *12* ***O mercenário****, que não é pastor, a quem não pertencem as ovelhas,* ***vê o lobo aproximar-se, abandona as ovelhas e foge****; então, o lobo as arrebata e dispersa.*
> *13 Ora, o mercenário foge, porque é mercenário e não tem amor pelas ovelhas.*

E mais: o Divino Pegureiro adverte que o pastor de verdade dá a sua vida por elas (Evangelho, consoante o Discípulo Amado[3], 10:11, 14 e 15).

> *11* ***Eu sou o Bom Pastor.*** *O Bom Pastor* ***dá a sua vida pelas ovelhas****.*
> *14 Eu sou o Bom Pastor e reconheço as minhas ovelhas, e elas me reconhecem,*
> *15 assim como o Pai me reconhece, Eu também reconheço o Pai* ***e dou a minha vida pelas ovelhas****.*

[3] **Discípulo Amado** — O termo refere-se a João Evangelista, o médium psicógrafo do Apocalipse, como dizia Alziro Zarur.

COMBATE AO PENSAMENTO DESGOVERNADO – INTRODUÇÃO

O ensinamento de Jesus, o Sublime Estratego, é claro: *"Eis que Eu vos envio como cordeiros para o meio de lobos"*, e aquilo que Ele sabe, que aprendeu com o Pai — no Evangelho e no Apocalipse —, transmite a Seus discípulos para que possam defender a si mesmos e aos demais dos "lobos invisíveis". Isto é, para que conheçam as artimanhas do predador; **todavia, não as absorvam, tingindo de escuridão as suas Almas**, nem caiam em suas insinuações malévolas, porque visam à destruição das ovelhas, produzindo-lhes dores indizíveis, causadas pelo **pensamento desgovernado**.

Mas o que é o **pensamento desgovernado**? Veremos no capítulo seguinte.

A PRIMEIRA CARIDADE

Ao dedicar minha vida sem interrupção, integralmente ao trabalho na LBV — em especial a partir de 29 de junho de 1956, Dia de São Pedro e São Paulo, quando ingressei na Seara da Boa Vontade —, luto a todo instante por merecer a Caridade de Deus. Fortalecido, pois, por ela, cheio de esperança e na certeza da continuação dessa tarefa, prossigo nesse maravilhoso caminho. Em todos os momentos, com humildade, tenho buscado guardar em minha Alma aquele ímpeto que magicamente nos impulsiona quando descobrimos o ideal divino de nossa vida: a Primeira Caridade[4].

O Irmão Zarur ensinava que

> ***— A LBV é um compromisso que não cessa nem com a morte.***

Daí concluirmos: **quanto mais em plena vida física!**

Tenho absoluta convicção de que, em minha jornada, sempre contarei com os veteranos Legionários da Boa Vontade de Deus (da Terra e do Espaço) e com os da nova safra com que o Celeste Educador perpetua a Sua Obra.

---

[4] **Primeira Caridade** — Carta do Cristo Ecumênico, o Divino Estadista, à Igreja em Éfeso (Apocalipse de Jesus, segundo João, 2:4 e 5): *"Tenho, porém, contra ti que abandonaste a tua* ***primeira caridade****. Lembra-te, pois, de onde caíste, arrepende-te e volta à prática das* ***primeiras obras****; porque, se não, virei contra ti e moverei do seu lugar o teu candeeiro, caso não te arrependas".*

A MISSÃO DOS SETENTA E O "LOBO INVISÍVEL"

– PARTE 5 –

Há muito, assevero: quando o território não é defendido pelos bons, os maus fazem "justa" a vitória da injustiça. Que impeçamos tal despautério, visto que a grande lição é a de permanecermos vigilantes e ativos, em sintonia constante com os nossos dedicados Anjos Guardiães, em oposição ao pensamento desgovernado, para não ser vítimas dele. Afinal de contas, somos aquilo que pensamos, falamos e realizamos.

PENSAMENTO DESGOVERNADO E O "LOBO INVISÍVEL"

Minhas Amigas e meus Irmãos, minhas Irmãs e meus Amigos, venho reproduzindo a palestra que proferi na Super Rede Boa Vontade de Rádio em 31 de dezembro de 2004, que depois, em série, publiquei, acrescida de novas considerações, na revista JESUS ESTÁ CHEGANDO!. Pela ótica ecumênica da Quarta Revelação, a Religião de Deus, do Cristo e do Espírito Santo, prossigo no combate à funesta ação do **pensamento desgovernado** — que solertemente atua, o mais das vezes, como se fora um "lobo invisível" — e discorro sobre estratégias para melhor nos proteger de seus danosos efeitos.

MALES AFUGENTADOS PELA SABEDORIA

(Provérbios, 2:6 e 10 a 15)

6 O Senhor dá a sabedoria, e da Sua boca vêm a inteligência e o entendimento.
10 Porquanto a sabedoria entrará no teu coração, e o conhecimento será agradável à tua alma.

> [11] ***O bom conselho te guardará, e a prudência te conservará,***
> [12] *a fim de te* ***livrar do caminho mau*** *e do homem que fala coisas perversas;*
> [13] *dos que deixam as veredas da retidão, para andar por caminhos tenebrosos;*
> [14] *que se alegram depois de ter feito o mal e triunfam de prazer nas piores coisas;*
> [15] *cujos caminhos são todos corrompidos e cujos passos são infames.*

Ou seja, o "lobo", invisível ou visível, é que trabalha por manter o pensamento da ovelha desgovernado. Entretanto, o Bom Pastor, Jesus, sempre atento, estende Sua bendita e forte mão ao rebanho, qualquer que seja o nome que possua, para que não se perca e aprenda as lições de Sua Divina Sabedoria, a qual afugenta das mentes os males.

Ainda na análise que venho realizando do Evangelho de Jesus, segundo Lucas, 10:1 a 24, em Espírito e Verdade, à luz do Mandamento Novo do Cristo Ecumênico, o Divino Estadista — *"Amai-vos como Eu vos amei. Somente assim podereis ser reconhecidos como meus discípulos"* (Evangelho, segundo João, 13:34 e 35) —, ilustro meus comentários com outra importante passagem da Boa Nova, descrita nas anotações de Marcos, 5:1 a 14: *"A cura do endemoninhado gadareno"*, que transcreverei nesta parte 5.

"LOBO INVISÍVEL" COMBATE-SE COM ORAÇÃO FERVOROSA

O "lobo" caracterizado por um **espírito obsessor** geralmente é muito mais atuante do que os "lobos" reencarnados e, além disso, com a vantagem, para ele, de ser invisível. **Como costuma agir? De várias formas.** Eis uma bem comum: **começam a brotar ideias estranhas na cabeça do indivíduo. A pessoa imagina**, então, **que está conversando sozinha. Que nada! Uma caterva de almas trevosas, à sua volta, põe-se a "soprar", nos seus ouvidos, apelos a que não deve atender**, por serem maus. **Para a defesa contra tal qualidade de seres ainda inferiores**, só **existe uma solução. Quem o revela é Jesus**, no Seu Evangelho, segundo Mateus, 17:21:

> — ***Para esse tipo de espírito, só muita oração e vigilância.***

Não me canso de repetir que é essencial, em todos os momentos da vida, **cultivar o hábito da oração**. Já lhes disse que não tomo uma decisão sem antes elevar o pensamento a Deus. E mais: **quem tem juízo não vai dormir sem fazer a sua súplica aos Espíritos do Bem, Almas Benditas.**

Por oportuno, transcrevo aqui a *Prece da Vigilância Espiritual*, de autoria do saudoso proclamador da Religião de Deus, do Cristo e do Espírito Santo, Alziro Zarur, que recomendamos seja proferida sempre antes de repousar:

PRECE DA VIGILÂNCIA ESPIRITUAL (ORAÇÃO NOTURNA)

Deus Está Presente!

Meu Jesus, que a Gloriosa Falange de ***São Francisco de Assis****, Patrono da Divina Legião da Boa Vontade, guarde o meu Espírito, não somente o meu corpo, enquanto durmo. E, se eu vier a sofrer um ataque da treva, que esteja apto (ou apta) a revidá-lo instantaneamente. Mas peço a Tua misericordiosa proteção, em nome do Pai, do Filho e do Espírito Santo.*

Amém!

Viva Jesus!

Que assim seja! Vale destacar que podemos também traduzir vigilância como Boas Obras, porquanto, conforme definiam os antigos:

— *Cérebro desocupado é oficina de satanás.*

Ora, de ações generosas carecem as sociedades, para que eticamente progridam nos diversos ramos espiritual-humanos: na Política, na Religião, na Sociologia, na Educação, na Ciência, na Filosofia, no lar, na vida pública; enfim, em toda parte. Essa é a resposta, a partir do pensamento — não mais sem rumo —, contra a omissão, a corrupção, a impunidade... Aliás, são muitos nomes e disfarces. De quem?! Do "lobo invisível"!

Há muito, assevero: **quando o território não é defendido pelos bons, os maus fazem "justa" a vitória da injustiça.**

Que impeçamos tal despautério, visto que a grande lição é a de permanecermos vigilantes e ativos, em sintonia constante com os nossos dedicados Anjos Guardiães, em oposição ao pensamento desgovernado, para não ser vítimas dele. Afinal de contas, **somos aquilo que pensamos, falamos e realizamos.**

Aconselho-os, por isso, a ler e analisar continuamente as Sete Campanhas da Religião de Deus, do Cristo e do Espírito Santo[1], lançadas por Alziro Zarur:

1 — **Bom Pensamento**
2 — **Boa Palavra**
3 — **Boa Ação**
4 — Boa Notícia
5 — Boa Diversão
6 — Boa Vizinhança
7 — Boa Vontade Mundial

[1] **As Sete Campanhas da Religião de Deus, do Cristo e do Espírito Santo** — Alziro Zarur trouxe ao mundo as 21 Chaves Iniciáticas da Religião Divina, compostas pelas Sete Campanhas, pelos Sete Comandos e pelas Sete Cruzadas. Você as encontra no volume primeiro de *Sagradas Diretrizes Espirituais da Religião de Deus, do Cristo e do Espírito Santo* (1987), de Paiva Netto.

O JABUTI E O CHACAL

O Buda apresentou a seus seguidores uma parábola intitulada "O jabuti"[2], tratando da necessidade do permanente cuidado com nossa segurança espiritual — lição que serve para nos proteger das tocaias do "lobo invisível":

> *Certa vez,* bhikkhus (monges), *um jabuti estava procurando alimento à noite, às margens de um rio. E um chacal também estava procurando alimento às margens daquele mesmo rio. Quando o jabuti viu o chacal à distância procurando alimento, ele recolheu as quatro patas e o pescoço para dentro do casco e assim permaneceu quieto e imóvel.*
>
> *O chacal também viu o jabuti à distância procurando alimento e, assim, ele se aproximou do jabuti e ficou ali esperando, pensando: "Assim que o jabuti esticar algum dos seus quatro membros ou o pescoço, eu vou agarrá-lo nesse exato momento, vou arrancá-lo e comê-lo". Mas, como o jabuti não esticou nenhum dos membros ou o pescoço, o chacal, sem ter a sua oportunidade, perdeu o interesse e partiu.*
>
> *Da mesma forma, o senhor do mal está continuamente e constantemente esperando ao seu lado, pen-*

---

[2] **"O jabuti"** — Discurso 240 do *Samyutta Nikaya* 35, que faz parte do *Sutta Pittaka*, o segundo dos três grupos de textos que compõem as tradicionais Escrituras Canônicas do Budismo.

sando: “Talvez eu tenha uma oportunidade através do olho... do ouvido... do nariz... da língua... do corpo. Talvez eu tenha uma oportunidade através da mente”. Portanto, permaneçam com as portas dos meios dos sentidos bem guardadas. (...)

Ao conscientizar um objeto mental com a mente, não se agarrem aos seus sinais ou detalhes. Visto que, se permanecerem com a faculdade da mente descuidada, vocês serão tomados pelos estados ruins e prejudiciais de cobiça e tristeza. Pratiquem a contenção, protejam a faculdade da mente, empenhem-se na contenção da faculdade da mente.

Quando vocês permanecerem com as portas dos meios dos sentidos bem guardadas, o senhor do mal não terá nenhuma oportunidade e, assim, perderá o interesse e partirá, tal como o chacal com o jabuti.

Recolhendo na mente os pensamentos, como um jabuti recolhe no casco os seus membros, independente, sem fazer mal a ninguém, plenamente saciado, um monge não critica ninguém.

A LÓGICA DO ESPÍRITO

Uma visão equivocada que vai contra uma lógica simples é a perspectiva de que os espíritos de pouca evolução têm maior influência sobre as criaturas humanas do que os que estão a serviço da Espiritualidade Superior, porquanto muito mais poderosos e numerosos são os Espíritos de Luz do que os de condição inferior.

Allan Kardec convida-nos a este importante raciocínio:

> — *Como acreditar que Deus só ao espírito do mal permita que se manifeste, para perder-nos,* ***sem nos dar por contrapeso os conselhos dos bons Espíritos?***
>
> (O destaque é meu.)

APOCALIPSE NÃO SIGNIFICA CATÁSTROFE, MAS CHAMADA À RESPONSABILIDADE

O Livro das Profecias Finais **ensina a libertação espiritual e moral aos povos; nos convoca à responsabilidade**.

O Apocalipse é a consumação de carmas regionais ou da Lei de Causa e Efeito em caráter global, o que, por si só, já se trata de algo extremamente sério. Contudo, seu nome não alude a coisa catastrófica; porém, simplesmente significa **Revelação** (do grego *Apokalúpsis*). No entanto, a **Revelação** será de **fatos que criamos, sejam bons ou maus**. Então, ele não nos ameaça. Quem faz isso somos nós mesmos.

Alguns deturpam tanto a sua Divina Mensagem, que o estigmatizam como sinônimo de tragédia. Infelizmente, entre esses há os que são inspirados pelo insinuoso "lobo invisível". Todavia, a Revelação profética que fecha a Bíblia Sagrada anuncia a mais extraordinária das notícias: **a Volta Triunfal do Cristo de Deus** (Apocalipse, 1:7) — razão pela qual Alziro Zarur o denominava de ***“o mais importante livro da Bíblia Sagrada na atualidade mundial”***.

BENDITAS MÃOS DE JESUS

O “lobo”, invisível ou visível, trabalha por manter o pensamento da ovelha desgovernado. Entretanto, o Bom Pastor, Jesus, sempre atento, estende Sua bendita e forte mão ao rebanho, qualquer que seja o nome que possua, para que não se perca e aprenda as lições de Sua Divina Sabedoria, a qual afugenta das mentes os males.

AINDA O "LOBO INVISÍVEL"

Recorro, à guisa de estudo a respeito das tramas do "lobo invisível", a um trecho da obra *Missionários da Luz*, no qual o Espírito **André Luiz**, pela psicografia do saudoso Francisco Cândido Xavier, registra seriíssimo esclarecimento do Instrutor Espiritual **Alexandre**, acerca do fenômeno da obsessão e de como nos precatar e nos livrar dela:

André Luiz

> — *Se a vítima capitula sem condições, ante o adversário*[3]*, entrega-se-lhe totalmente e torna-se possessa, após transformar-se em autômato à mercê do perseguidor. Se possui vontade frágil e indecisa, habitua-se com a persistente atuação dos verdugos e vicia-se no círculo de irregularidades de muito difícil corrigenda, porquanto se converte, aos poucos, em polos de vigorosa atração mental aos próprios algozes. Em tais casos, nossas atividades de assistência espiritual estão quase circunscritas a meros trabalhos de socorro, objetivando resultados longínquos.* ***Quando encontramos, porém, o enfermo interessado***

[3] **Adversário** — O obsessor intangível, o "lobo invisível".

na própria cura, valendo-se de nossos recursos para aplicá-los à edificação interna, então podemos prever triunfos imediatos.

(O destaque é meu.)

O INDISPENSÁVEL AUXÍLIO DE DEUS, DO CRISTO E DO ESPÍRITO SANTO

A ação dos "lobos invisíveis" (almas atrasadas) na mente dos que não se sabem defender — ou, até de maneira perigosamente leviana, não o querem fazer — passa, assim, ao campo das mais temíveis obsessões e posteriores possessões, ferozmente aprisionando os invigilantes.

O Evangelho de Jesus, segundo Marcos, 5:1 a 14, mostra-nos o Poder Absoluto do Cristo perante uma multidão de espíritos do mal ("lobos invisíveis") que endemoninhavam um infeliz gadareno. Observamos, ali, o triste quadro a que chega um ser humano quando atinge o grau de possessão. O pensamento desgovernado é a porta encontrada aberta por essa categoria de influência maligna.

Marcos

A CURA DO ENDEMONINHADO GADARENO

1 *Entrementes, chegaram* [Jesus e Seus discípulos] *à outra margem do mar, à terra dos gadarenos.*

2 Ao desembarcar, logo veio dos sepulcros, ao Seu
encontro, um homem possesso de espírito imundo,
3 o qual vivia nos túmulos, e nem mesmo com ca-
deias alguém podia prendê-lo;
4 porque, tendo sido muitas vezes preso com gri-
lhões e cadeias, elas foram quebradas por ele, e os
grilhões, despedaçados. E ninguém podia subjugá-lo.
5 Andava sempre, de noite e de dia, clamando por
entre as sepulturas e pelos montes, ferindo-se com pe-
dras.
6 Quando, porém, de longe, viu Jesus, correu e O
adorou,
7 exclamando em alta voz: Que tenho eu contigo,
Jesus, Filho do Deus Altíssimo? Conjuro-Te por Deus
que não me atormentes!
8 Porque Jesus lhe dissera: espírito imundo, sai desse
homem!
9 E lhe perguntou: Qual é o teu nome? Respondeu
ele: ***Multidão*** *é o meu nome, porque somos muitos.*
10 E rogou encarecidamente ao Cristo que não os
mandasse para fora daquela região.
11 Ora, pastava ali pelo monte uma grande mana-
da de porcos.
12 E os espíritos imundos rogaram a Jesus, dizendo:
Manda-nos, Senhor, para os porcos, para que entre-
mos neles.
13 E Jesus o permitiu. Então, saindo os espíritos
da treva do homem possesso, entraram nos porcos; e

a manada, que era cerca de dois mil, precipitou-se despenhadeiro abaixo, para dentro do mar, onde se afogaram.
[14] *Os donos dos porcos fugiram e anunciaram o ocorrido na cidade e pelos campos.*

PROTEÇÃO CONTRA OS ESPÍRITOS DO MAL

Confiemos em Jesus, sigamos com afinco Suas palavras e Seus exemplos e viveremos protegidos; portanto, libertos da ação de espíritos de tão baixa categoria, causadores, ainda desconhecidos, dos grandes dramas da Terra, não somente no âmbito particular, **mas também no campo dos governos**. São incentivadores das piores tramas, que resultam em guerras, mortes, fomes e doenças, como denuncia o Livro da Revelação Final, 6:3 a 8:

O SEGUNDO SELO

[3] *Quando o Cordeiro de Deus abriu o segundo selo, ouvi o segundo ser vivente, que dizia: Vem e vê!*
[4] *E saiu outro cavalo, vermelho; e ao seu cavaleiro lhe foi dado tirar a paz da Terra para que os homens se matassem uns aos outros; e lhe foi dada uma grande espada também.*

O TERCEIRO SELO

[5] *Quando o Cordeiro de Deus abriu o terceiro selo, ouvi o terceiro ser vivente dizendo: Vem e vê! Então,*

apareceu um cavalo preto e o seu cavaleiro com uma balança na mão.
6 *E ouvi uma voz no meio dos quatro seres viventes, que dizia: Uma medida de trigo por um denário; três medidas de cevada por um denário; e não danifiques o azeite e o vinho.*

O QUARTO SELO

7 *Quando o Cordeiro de Deus abriu o quarto selo, ouvi a voz do quarto ser vivente dizendo: Vem e vê!*
8 *E surgiu um cavalo amarelo e o seu cavaleiro, sendo este chamado Morte; e o Inferno o estava seguindo, e lhes foi dada autoridade sobre a quarta parte da Terra para matar à espada, pela fome, com a mortandade e por meio das feras da Terra.*

DISSE JESUS: VIGIAI E ORAI

Como nos livramos desses perigos? O Cristo de Deus manda que oremos e vigiemos para não cair em tentação:

— *Vigiai e orai, para que não entreis em tentação; o Espírito, na verdade, está pronto, mas a carne é fraca.*

Jesus (Mateus, 26:41)

Porcos precipitados ao mar | 1886-96 | James Tissot (1836-1902) | Aquarela e grafite sobre papel | 25,9 x 17 cm | Museu do Brooklyn, Nova York, EUA

O GADARENO E A LIÇÃO DO CEU

Na passagem bíblica "A cura do endemoninhado gadareno", constante do Evangelho, segundo Marcos, 5:1 a 14, podemos ler, no versículo 13, que os espíritos imundos que atormentavam o habitante de Gádara foram expulsos dele pelo Cristo. Em seguida, Jesus autorizou esses obsessores a se dirigir aos porcos, que acabaram se precipitando despenhadeiro abaixo.

A alguém que, porventura, possa não ter compreendido o fenômeno espiritual que se operou em torno de tão intrigante evento, convido-o à leitura de trecho de um estudo psicográfico desenvolvido por **Jean Baptiste Roustaing** (1806-1879), em *Revelação da Revelação*. Trata-se de esclarecedora lição constante da Doutrina do Centro Espiritual Universalista (o CEU da Religião de Deus, do Cristo e do Espírito Santo), que seu saudoso proclamador, Alziro Zarur, publicou na *Gazeta de Notícias* do Rio de Janeiro/RJ, em 8 de agosto de 1970:

> *A homens materiais são necessários ensinamentos de feição material.*

Sabeis que horror tinham os judeus ao porco, "animal imundo" no dizer das ordenações de Moisés*. [E aqui são quase 2.000 porcos, verdadeira multidão — uma legião de soldados romanos seriam 6.000].*

Querendo dar a entender aos homens até que ponto eram perigosos e repelentes os obsessores, Jesus permitiu que os que atuavam desde tanto tempo, de modo tão violento e cruel, quanto extraordinário aos olhos humanos, *sobre aquele "demoníaco", isto é, sobre o geraseno que traziam subjugado, assombrassem os porcos que ali perto pastavam.*

Os homens, crédulos de que os espíritos, abandonando o possesso, entraram nos porcos, compreenderam melhor ***o desprezo que lhes deviam inspirar tão perigosamente instigações, a que podiam estar sujeitos todos aqueles que não trilham o caminho que leva à salvação****.*

Observai que os obsessores se satisfizeram com o espantar dos porcos. Evidentemente, não foram habitar neles. Assim como o subjugador não habita o subjugado — limitando-se a influenciá-lo por meio de uma ação fluídica, permanecendo a seu lado e atuando moralmente sobre ele —, também os espíritos impuros que, obedecendo à vontade *de* ***Jesus****, se colocaram na Sua passagem,* **para servir de instrumento à lição que Ele desejava dar**, *se* *acercaram dos porcos e os espantaram, impelindo-os a se precipitarem no lago.*

Não admitais nunca a união, embora momentânea, entre o espírito e o animal, isto é, a subjugação corporal deste por aquele; nem — ainda menos — a substituição ou o domínio.

Já vos explicamos os meios por que se opera, as condições a que obedece e os efeitos que produz a subjugação, quer corporal, quer corporal e espiritual, bem como a possessão ou a substituição.

(Os destaques são meus.)

PORTA ABERTA

Comparei anteriormente o estado desse homem possesso à figura de uma porta aberta por onde ingressa o **pensamento desgovernado**, que, por sua vez, mantém a porta aberta para a obsessão. É um círculo vicioso que urge ser rompido. Daí o nosso esforço em educar as mentes a respeito desses magnos assuntos, a fim de garantir a segurança espiritual dos indivíduos.

Cabe retomar importante lição evangélica na qual Jesus revela que somos nós, por intermédio do livre-arbítrio inviolável, que fechamos ou abrimos a entrada de nosso Espírito às boas ou más influências:

ESPÍRITOS IMPUROS QUE VOLTAM

E continuou Jesus ensinando:

Quando o espírito impuro é expulso de um homem, anda por lugares áridos, procurando repouso; e, não o encontrando, diz:

— Voltarei para minha casa de onde saí; e, ao chegar, acha-a desocupada, varrida e adornada.

Então, vai e leva consigo mais sete espíritos piores do que ele [espíritos obsessores], *e ali entram e habitam;* ***e assim o último estado daquele homem fica sendo pior que o primeiro****. Da mesma forma acontecerá também a esta geração adúltera e perversa.*

(Boa Nova do Cristo, consoante Mateus, 12:43 a 45; e Lucas, 11:24 a 26.)

Vemos, portanto, claramente que, apesar de ter sido o seu Espírito limpo pelo Poder Superior, esse homem acabou atraindo de novo, para perto de si, o obsessor que o escravizava. E, para piorar a situação, o espírito impuro veio acompanhado de mais sete "lobos invisíveis".

Em diversas passagens bíblicas que relatam o Cristo de Deus expulsando multidões de espíritos malignos de criaturas obsidiadas ou possessas, encontramos esta ordem do Divino Mestre àqueles que, pelo Seu Poder, foram curados: ***"Vão, mas não pequem mais".*** Por quê?! Porque não adianta você ficar livre do obsessor, do demônio, da alma em atraso e cair novamente nas suas garras. Repetimos: tem de manter-se em oração e vigilância constantes, de modo que se impeça a ação do espírito inferior, para que ele não volte a dominá-lo ou dominá-la:

— *Vigiai e orai, para não cairdes em tentação.*
Jesus (Marcos, 14:38)

CONFIAR EM JESUS SEMPRE

Confiemos em Jesus, sigamos com afinco Suas palavras e Seus exemplos e viveremos protegidos; portanto, libertos da ação de espíritos de tão baixa categoria, os "lobos invisíveis", causadores, ainda desconhecidos, dos grandes dramas da Terra, não somente no âmbito particular, mas também no campo dos governos. São incentivadores das piores tramas, que resultam em guerras, mortes, fomes e doenças.

A tentação de Jesus | 1868 | Carl Bloch (1834-1890) | Óleo sobre chapa de cobre | 104 x 59 cm | Museu de História Natural de Frederiksborg, Copenhague, Dinamarca

PINÁCULO

Em *Lições Bíblicas*, que são apresentadas na Super Rede Boa Vontade de Rádio, o saudoso Irmão Zarur também nos ensina a ter a proteção de Deus, do Cristo e do Espírito Santo contra esse tipo de entidades malfazejas, que habitam até mesmo, como já dissemos, **gabinetes de governo por todo o mundo**. Podemos imaginar a razão por que o planeta ainda hoje vive em grave e constante perigo.

Diz Zarur:

> *Em São Mateus vemos esta palavra* [Pináculo]. *Lembram-se, Evangelho, segundo Mateus, 4:1 a 11, quando Jesus sofre a tentação no deserto?*
>
> *O que significa mesmo esta palavra Pináculo? Exatamente, parte elevada do Templo (v:5) onde Jesus foi desafiado por satanás. Em seguida, ele conduz o Cristo ao topo de uma montanha para contemplar a magnificência do mundo. Satanás Lhe disse: "Eu te darei tudo isto se prostrado me adorares". Ora, tudo aquilo era de Jesus, que conto do vigário é esse? Então, satanás ia dar a Jesus o que já era de Jesus?! Onde se vê que satanás não é o que se diz por aí. Satanás é a condi-*

ção humana, porque o corpo é adversário do Espírito. Quando o Espírito entra na matéria fica sujeito às tentações do mundo. Não é nenhum diabo com chifres, rabo comprido, tridente. Nada disso. É o Espírito encarcerado no corpo, e o corpo é que é satanás[4]*, é a matéria. E se não houver muita Luz, o Espírito fracassa e a matéria vence. Basta ver isso: vocês acham que satanás podia prometer a Jesus o que já era Dele? "Tudo isso eu te darei se prostrado me adorares". Pois, se tudo já era Dele... Jesus formou o mundo* (Evangelho, segundo João, 1:1 a 3)[5]*, como é que satanás poderia prometer-Lhe alguma coisa? A lição é a seguinte: quando o Espírito entra na matéria, passa por uma prova muito séria (...). Porque a matéria é que é satanás.*

E dificilmente pode ser derrotado. ***Só com a PROTEÇÃO DIVINA.*** *Daí a recomendação do Cristo, repetidas vezes:* ***"Orai, vigiai, para vencerdes as tentações do mundo e da vossa matéria!"*** *Louvado seja Deus!*

---

4 **Satanás** — Leia mais sobre o assunto no subtítulo "O que entendemos por demônio, satanás ou diabo?", na p. 186.

5 **Evangelho de Jesus, segundo João, 1:1 a 3:**

1 No princípio era o Verbo, e o Verbo estava com Deus, e o Verbo era Deus.

2 Ele estava no princípio com Deus.

3 Todas as coisas foram feitas por Ele, e nada do que se fez foi feito sem Ele: ***Cristo Jesus****.*

"GOVERNO" INVISÍVEL INFERIOR

Eis — já o sabemos pelo estudo do Apocalipse de Jesus para os Simples de Coração[6] — que **o Governo da Terra começa no Céu**. Por esse raciocínio, posso, de forma serena, afirmar que o mesmo ocorre com o "governo" invisível inferior — sediado no Umbral[7], região de sombras que cerca o planeta —, que visa subjugar, sob sua tirania, povos e lideranças mundo afora, incitando-as a toda espécie de litígio, sem que elas percebam que são escravas de inteligências manipuladoras ("lobo invisível") de seu destino. Ressalto que não inspiram unicamente guerra e perigos nucleares, mas também cibernéticos, genéticos, bacteriológicos, químicos, domésticos, econômicos, políticos e de tantos outros tipos de que nem fazemos ideia, pois suas presas desconhecem o que os "lobos invisíveis"

---

[6] **O Apocalipse de Jesus para os Simples de Coração** — Série radiofônica sobre o Apocalipse de Jesus, feita por Paiva Netto, entre outubro de 1990 e fevereiro de 1992, da qual o autor tem tirado inspiração para vários livros de sucesso. Constituída de mais de 450 programas, está até hoje no ar pela Super Rede Boa Vontade de Rádio e pelo aplicativo Boa Vontade *Play*. *Vide* a relação de emissoras no final do livro.

[7] **Nota de Paiva Netto**

Umbral — Segundo nos relata o Espírito André Luiz, em *Ação e Reação*, *"situado entre a Terra e o Céu, é dolorosa região de sombras, erguida e cultivada pela mente humana, em geral rebelde e ociosa, desvairada e enfermiça"*. É onde o Espírito, pelo sofrimento provocado por ele mesmo, revê os erros que praticou e se prepara para novas oportunidades de crescimento espiritual. A existência do Umbral é mais generosa do que a ideia do inferno eterno, porque aquele propicia nova oportunidade ao infrator; este, não. O nobre Irmão dr. Bezerra de Menezes faz sempre questão de salientar: ***"Umbral também é Caridade"***.

andam armando por meio daqueles que se submetem à sua direção, no norte, no sul, no leste, no oeste, no solo do planeta, na profundidade dos mares e no espaço[8]. A sensação de poder no orbe terráqueo é, por isso, pura ilusão. **Os que pensam que têm absoluto domínio são apenas, na grande maioria, marionetes nas mãos de obsessores**, ocultos a seus olhos materiais, **muito mais argutos que eles**. Contudo, **lembrem-se de que o Poder Divino é infinitamente maior**. E, quando integrados no Seu Amor e Justiça, revestimo-nos da armadura de Deus.

A ARMADURA DE DEUS

Epístola de Paulo Apóstolo aos Efésios,
6:10 a 20.

10 No demais, irmãos meus, fortalecei-vos no Senhor e na força do Seu poder.

*11 Revesti-vos de **toda a armadura de Deus**, para que possais estar firmes contra as astutas ciladas do demônio;*

12 porque não temos que lutar contra carne e sangue, mas, sim, contra os principados, contra as potestades, contra os príncipes das trevas deste século, contra as hostes espirituais da maldade, nos lugares celestiais.

---

8 O escritor Paiva Netto também trata do tema em seu livro *Jesus, a Dor e a origem de Sua Autoridade — O Poder do Cristo em nós* (2014), no subtítulo "Cuidado com os salteadores invisíveis".

> 13 *Portanto, tomai* ***toda a armadura de Deus****,*
> *para que possais resistir no dia mau e, havendo feito tudo, ficar firmes.*
> 14 *Estai, pois, firmes, tendo cingidos os vossos lombos com a verdade, e vestida a couraça da justiça.*
> 15 *E calçados os pés na preparação do Evangelho da Paz;*
> 16 *tomando sempre o escudo da Fé, com o qual podereis apagar todos os dardos inflamados do maligno.*
> 17 *Tomai também o* ***capacete da salvação e a espada do Espírito****, que é a palavra de Deus,*
> 18 *orando em todo o tempo com toda a oração e súplica no Espírito e vigiando nisso* ***com toda a perseverança*** *e súplica por todos os santos*
> 19 *e por mim; para que me seja dada, no abrir da minha boca, a palavra com confiança,*
> 20 *para fazer notório o mistério do Evangelho, pelo qual sou embaixador em cadeias* [isto é, mesmo quando preso]*; para que possa falar Dele* [Jesus] *livremente, como me cumpre fazê-lo.*

No terceiro volume de *O Brasil e o Apocalipse* (1996), argumento: Ocorre, porém, que o reino dessas entidades ignorantes está no fim:

> — *Satanás está desesperado, por saber que lhe resta pouco tempo* (Apocalipse de Jesus, segundo João, 12:12).

Por causa disso, esses espíritos, que vivem afastados do Amor de Deus, usarão todos os meios e modos para afligir as pessoas, procurando vãmente retardar a vitória do Cristo Ecumênico, o Divino Estadista, no planeta: na Mídia, na Política, na Economia, na Religião, na Filosofia, na Ciência, no Esporte, na Arte etc. **Aqueles que vagueiam a serviço do mal não querem perder o seu reino nem seus subjugados elementos humanos de ligação** na Terra e nas regiões umbralinas (infernais) do Mundo Invisível, visto que, por intermédio dos seres obsidiados, **vêm mantendo momentaneamente seu império de ignorância** sobre todas as nações. Mas, **graças a Deus** e para servi-Lo, **existem os Espíritos do Bem, as Almas Benditas**, cuja missão é espalhar pelo mundo a Bondade Divina. **Neles fortalecemos os nossos corações! Hosanas ao Pai Celestial!**

ALCORÃO E AUTORIDADE DE DEUS

No *Alcorão Sagrado*, na 17ª Surata — "Al Isrá" (A viagem noturna) —, lemos estes versículos (de 60 a 65), que exaltam o Poder e a Autoridade de Deus e expõem satanás como um enganador e vendedor de ilusões:

> 60. *E quando te dissemos: Teu Senhor abrange toda a humanidade. A visão que te temos mostrado não*

foi senão uma prova para os humanos, o mesmo que a árvore maldita (mencionada) no Alcorão. Nós os advertimos! Porém, isso não fez mais do que aumentar a sua grande transgressão.

61. *E quando dissemos aos anjos: Prostrai-vos ante* ***Adão****!, prostraram-se todos, menos Lúcifer, que disse: Terei de prostrar-me ante quem criaste do barro?*

62. *E continuou (satanás): Atenta para este, que preferiste a mim! Juro que, se me tolerares até ao Dia da Ressurreição, salvo uns poucos, apossar-me-ei da sua descendência!*

63. *Disse-lhe (Allah): Vai-te, (satanás)! E para aqueles que te seguirem, o inferno será o castigo bem merecido!*

64. *Seduze com a tua voz aqueles que puderes, dentre eles; aturde-os com a tua cavalaria e a tua infantaria; associa-te a eles nos bens e nos filhos, e faze-lhes promessas! Qual! Satanás nada lhes promete, além de desilusões.*

65. ***Não terás autoridade alguma sobre os Meus servos, porque basta o teu Senhor por Guardião****.*

(O destaque é meu.)

É urgente desmascarar esses tartufos invisíveis. E o **método diligente de nos blindar contra as investidas do mal é valer-nos da oração e da vigilância, geradoras eficazes da fonte do Conhecimento Espiritual, que nos afasta de todo infortúnio**. Tanto é que tiveram sua importância exaltada pelo Cristo de Deus, em

Sua Boa Nova, consoante Mateus, 26:41, que citamos aqui à saciedade:

— *Vigiai e orai, para não cairdes em tentação!*

O PODER DE DEUS É MAIOR

A sensação de poder no orbe terráqueo é, por isso, pura ilusão. Os que pensam que têm absoluto domínio são apenas, na grande maioria, marionetes nas mãos de obsessores, ocultos a seus olhos materiais, muito mais argutos que eles. Contudo, lembrem-se de que o Poder Divino é infinitamente maior. E, quando integrados no Seu Amor e Justiça, revestimo-nos da armadura de Deus.

ENGANADOS PELA SOBERBA

Em meu livro *As Profecias sem Mistério* (1998), no capítulo "Apocalipse e 'Fim do Mundo'", escrevi que **ninguém realmente tem poder na Terra, mas, sim, instantes de poder, dos quais prestará, um dia, nesta ou na Outra Vida, severas contas a um Tribunal incorruptível**. Pobres dos transitórios poderosos deste mundo, quando fazem mau uso de sua força, acreditando que nada jamais os atingirá. **São uns enganados por sua própria soberba.** Os "lobos invisíveis" valem-se deles como bonecos, os quais lançarão fora na primeira oportunidade, nesta ou em outra dimensão.

Só ambiciona o poder, sem intenções superiores, e, sim, com interesses escusos, quem desconhece a sua origem espiritual e as consequências de sua ganância desbragada; portanto, perigosa para si próprio ou para si própria. Zarur costumava dizer que, entre as muitas **provações do Espírito reencarnado**, três são consideradas as mais desafiadoras: **a beleza, o dinheiro e o poder**. Ao insubornável Tribunal Celeste, todos prestaremos contas.

O EXEMPLO DO ESPELHO

Em sua conceituada obra *A Loucura sob Novo Prisma*, o renomado médico, orador e político brasileiro dr. Adolfo Bezerra de Menezes Cavalcanti relata um fato curioso. Durante a produção do livro, recebeu uma carta, na qual se podia ler mensagem creditada ao Espírito dr. **Samuel Hahnemann**[9], que fazia uma análise sobre a diferença da insanidade provocada por uma lesão no cérebro da que surge sem que a massa craniana seja atingida. Eis um fragmento dessa missiva, que ilustra bem o que é a obsessão:

Samuel Hahnemann

Colocai diante de vós um espelho que tenha defeito nalguns pontos, de tal modo que não reflita a imagem completa dos objetos que se lhe apresentam.

É o caso da loucura por lesão do cérebro.

Colocai, porém, entre vós e um espelho em perfeito estado, um corpo que possa embaraçar a transmissão da luz que de vós parte para o espelho, e infiel será a reprodução de vossa imagem.

É o caso da loucura por obsessão.

No primeiro caso, o mal vem do espelho que está estragado; no segundo, vem da interposição de um

[9] Christian Friedrich Samuel Hahnemann (1755-1843) foi o médico alemão criador da homeopatia em 1779.

corpo estranho entre o aparelho refletor e o corpo que se lhe apresenta.

Esta figura, toscamente esboçada, basta para assinalar a diferença que existe entre os dois estados em que pode achar-se o Espírito encarnado, com relação à manifestação de seus pensamentos.

Além de publicar em sua obra a íntegra da comunicação, o nobre dr. Bezerra de Menezes teceu alguns comentários sobre o conteúdo dela, dos quais separei este trecho:

A comparação do espelho é perfeita e ensina claramente como se dão as perturbações nos casos de lesão cerebral e nos de integridade do cérebro.

Temos, pois, em resumo, que tudo concorre para tornar evidente a dualidade causal da loucura.

ADENDO

ESPIRITUALIDADE E MEDICINA ALIADAS NO TRATAMENTO DE TRANSTORNOS MENTAIS

Diagnósticos de depressão e ansiedade graves, assim como quadros psicóticos de humor e personalidade, têm crescido, trazendo grande preocupação. Segundo dados divulgados pela Organização Mundial da Saúde

(OMS), em 23 de fevereiro de 2017, cerca de 322 milhões de pessoas no mundo são afetadas pela depressão, o que corresponde a 4,4% da população mundial. O número aumentou 18,4% entre 2005 e 2015. O Brasil ocupa o quinto lugar entre os países com maior índice de depressão, totalizando 11,5 milhões de indivíduos que sofrem dessa doença, o equivalente a 5,8% da população. O país ainda é recordista mundial em casos de transtorno de ansiedade, com 18,6 milhões de pessoas (9,3% da população), passando por esse desafio. A OMS estima que, em 2020, essas enfermidades venham a ser a principal causa de afastamento do trabalho.

Ainda que parte dessas ocorrências possa estar catalogada de forma imprecisa como distúrbio — pois, conforme vimos, há também o conjunto de naturais manifestações de uma sensitividade espiritual necessitada de equilíbrio e de orientação específica (o combate à má influência do "lobo invisível") —, observa-se que o tema é verdadeiramente digno de um olhar da sociedade mais atento, cuidadoso e livre de qualquer preconceito.

Afinal, ainda há muito a se compreender, espiritual e materialmente falando. Portanto, não se deve ter vergonha ou medo de diagnósticos dessa natureza. Pelo contrário. É preciso encará-los com serenidade e Fé Realizante, a fim de enfrentar e superar qualquer aspecto clínico adverso, contando sempre com o indispensável amparo de Deus, do Cristo e do Espírito Santo. Costumo afirmar que o organismo humano é a mais extraordinária máquina do mundo. Mesmo assim, falha. Contudo, com Amor Fraterno até os remédios passam a ter melhor resultado.

Recordo-me, por oportuno, de que o ilustre dr. Bezerra de Menezes (Espírito), durante reunião do Centro Espiritual Universalista (CEU) — que conduzo na Religião de Deus, do Cristo e do Espírito Santo —, em 24 de fevereiro de 2018, homenageou o dr. **Alexander Flemming** (1881-1955), o cientista que descobriu a penicilina e que foi laureado com o Prêmio Nobel de Fisiologia ou Medicina de 1945. Seu importante trabalho resultou em extraordinários avanços, proporcionando, por exemplo, a produção de antibióticos, tão essenciais hoje no sagrado mister de salvar vidas. Na oportunidade, o coordenador da Revolução Mundial dos Espíritos de Luz, na Quarta Revelação, assim se pronunciou a respeito da fundamental aliança entre Céu e Terra, Terra e Céu nos cuidados com a saúde:

> — *Não prescindimos, no Espaço, da ajuda material médica, tão necessária àqueles que estão de volta ao mundo material por reencarnações sucessivas.* ***Saudamos esses cientistas baluartes, que geram melhorias ao vaso físico****, porque* ***Jesus aprova*** ***e porque Jesus assim determina.***
>
> (O destaque é meu.)

Pari passu com as políticas públicas e com os cuidados médicos, psiquiátricos e psicológicos dispensados aos pacientes, não se pode deixar de lado, nos diálogos em família e em comunidade, o devido suporte social e a imprescindível presença da Espiritualidade Ecumênica. É indispensável o esclarecimento dos que os cercam sobre a **importância de seguir com seriedade o tratamento medicamentoso e psicoterapêutico prescrito**, porquanto é o Taumaturgo Celeste quem nos afiança:

— *Na vossa perseverança, salvareis as vossas Almas* (Evangelho, segundo Lucas, 21:19).

O Mundo Espiritual não é uma abstração. Ele é (ainda) invisível, mas existe. Não abdiquemos de sua valiosa contribuição à nossa melhora física, que tem início na saúde espiritual.

ENSINAR AO "LOBO" A TRILHA DO BEM

Uma das mais gratificantes tarefas do operário da Seara Divina é a de **ensinar ao "lobo" o bom caminho**: o da realização que trará celeste felicidade a ele próprio, condição que **lhe abrirá as portas do Céu** quando ele **passar de infeliz obsessor para benfeitor** daquele a quem antes perseguia. **O ofício do servidor de Deus é derrubar a vingança, que nada constrói, pois apenas destrói.**

André Luiz (Espírito) apresenta, em seus livros, o efeito

da transformação maravilhosa de uma alma malévola em um verdadeiro protetor. Ilustrativo exemplo encontramos na obra *Sexo e Destino*, pela psicografia de Chico Xavier, na qual narra a metamorfose de **Cláudio Nogueira**, padrasto de **Marita** — que no fim da história descobrimos ser o pai biológico dela —, a quem fez sofrer de maneira inconcebível; e de **Ricardo Moreira**, espírito trevoso e permanente cúmplice de Nogueira. Tamanha simbiose havia entre ambos, que, em face da indiferença aos esforços dos Benfeitores Espirituais[10], que tentavam dissuadi-los de tresloucada intenção, eram descritos por André Luiz como "dois lobos humanizados", isto é, homens animalizados.

No entanto, após tentativa de suicídio, motivada por ação repugnante de seu pai, Marita é hospitalizada em estado gravíssimo e irremediável. Diante da dor, Nogueira arrepende-se. Acompanhando o sofrimento e a perceptível mudança de postura de seu "comparsa", o então perseguidor Moreira também modifica-se e passa a ser uma espécie de anjo da jovem:

> *Perante a enfermeira impressionada, Cláudio ajoelhou-se e, com ele, pôs-se Moreira genuflexo... Em choro convulso, o pai alisou aqueles cabelos despenteados, contemplou a fisionomia de cera que a morte parecia estar modelando, mirou a face e os lábios*

[10] Veja mais sobre o assunto no capítulo "A angústia dos Anjos Guardiães", na p. 217.

intumescidos por equimoses, aspirou o ar deteriorado que se lhe exalava dos pulmões e, mergulhando a cabeça nos lençóis, gritou, vencido:

— Ah! minha filha!... minha filha!...

Quase no mesmo instante, a fronte de Moreira vergou, como se esmagada de sofrimento...

E prossegue André Luiz com seu comovente relato:

— Reconheci que a Providência Divina, em seus desígnios, não me aproximava unicamente da vítima. Os verdugos também pediam amor. Segurando a moça inerme, à altura do peito, afaguei-os com a destra, sustentando-me em prece... E a prece clareava-me o pensamento, corrigindo-me a visão!... Sim, tentando consolar aqueles dois homens que o remorso dobrava em tormento indizível, refleti nos meus próprios erros e compreendi os propósitos da vida!...

O Irmão Zarur — e gostamos de lembrar sempre —, com belo tom de poesia, preceituava que

— Deus criou o ser humano de tal forma que ele só pode ser feliz praticando o Bem.

Isso me faz recordar estas sábias palavras do **Profeta Muhammad** (570-632) — *"Que a Paz e as bênçãos de Deus estejam sobre ele!"* —, anotadas no Alcorão, 41:46:

— Quem pratica o bem, o faz em benefício próprio; por outra, quem faz o mal, é em prejuízo seu, porque o teu Senhor não é injusto para com os Seus servos.

LEMBRE-SE: O "LOBO" NÃO É VEGETARIANO!

Daí Jesus nos mandar *"como ovelhas para o meio de lobos"* (Boa Nova, segundo Lucas, 10:3). Não para sermos devorados nem para que acreditemos que os "lobos" sejam vegetarianos, todavia para **iluminá-los** com a doutrina ecumenicamente solidária do Cristo. **Jamais para absorver os seus maus costumes.** Por isso, não nos cansamos de enfatizar que são necessárias *"vigilância e oração"*, conforme o Sublime Pastor nos ensina em Seu Evangelho, segundo Marcos, 13:33. **Vigiando e orando, estaremos mantendo**, em casa e no setor de trabalho, **a ambiência ideal para a transformação do Espírito em queda**. A força de nosso exemplo e de nossa atitude no Bem poderá acelerar sua remissão, para que se faça digno do Auxílio Divino. Diante disso, **ajudando em sua salvação, estaremos concomitantemente cuidando da nossa**. Isso também é sermos *"simples como as pombas, mas prudentes como as serpentes"* (Evangelho, segundo Mateus, 10:16).

Brilha aqui o preceito de São Francisco de Assis (aprox. 1181-1226), Patrono da Legião da Boa Vontade, em sua memorável prece:

> — *É dando que recebemos de Deus.*

E, acima de *Il Poverello*, a lição de Seu Divino Mestre, Jesus:

> — *Coisa mais bem-aventurada é dar do que receber* (Atos dos Apóstolos de Jesus, 20:35).

Somente com Amor poderemos, salvando-os, salvar-nos dos que, visível ou invisivelmente, nos perseguem.

Aí está a grande assertiva de Alziro Zarur, que tantas vezes repeti:

> — *O Novo Mandamento de Jesus — "Amai-vos como Eu vos amei" — é a Chave da Vida e a Chave da Morte.*

Isto é, vivê-lo liberta-nos de todo mal; respeitá-lo abre-nos as portas para a realização de nossos mais impertérritos, impávidos, destemidos e puros anseios.

Mas não nos esqueçamos de que o "lobo" não é vegetariano. Pelo menos até que se convença — realmente se convença — **de que a salvação está no Deus** que é Amor. Portanto, o Pai Celestial não pode agradar-se com atos indignos de Seu espírito de Fraternidade. Quando entender isso, o "lobo invisível" não precisará mais esconder-se. Pelo contrário, pois também terá Boas Obras para apresentar.

EXTREMO EXEMPLO DE CORAGEM

Tocado em meu coração pelas felicitações referentes ao transcurso do meu 65º aniversário, ocorrido a 2 de março de 2006, dirigi-me, no mesmo dia, aos ouvintes da Super Rede Boa Vontade de Rádio, agradecendo as manifestações de carinho. Na oportunidade, voltei a tecer algumas considerações sobre a passagem do Evangelho do Celeste Amigo, consoante Lucas, capítulo 10, que estou, com vocês, serenamente analisando. Creio ser útil trazê-las a seguir, a fim de colaborar para o esclarecimento dessa questão, **aparentemente intrigante**, de Jesus nos convidar, segundo certas interpretações, a manter o comportamento de trêmulos "cordeiros" diante de ferozes "lobos". Ora, o que o **Divino Senhor** verdadeiramente **nos propõe** é **ato de extrema coragem, valendo-nos de prudência, astúcia e simplicidade, na tarefa de convencer o "lobo invisível" a não mais o ser** e a tornar-se um servidor de Deus, a começar pela libertação do Espírito (ou Espíritos) a que perturbava.

Quando o Bom Pastor nos envia como ovelhas para o meio de lobos, significa dizer que **Ele nos manda**

com o coração repleto de Sua Doutrina, de Sua Sabedoria, de Seu Amor, de Sua Coragem para elucidar os seres humanos acerca de Sua Boa Nova Redentora, e não para que nos transformemos em um bando de pusilânimes, conforme pensam alguns a respeito do Cristianismo.

Não é por pregar o Evangelho e o Apocalipse do Cristo de Deus que devemos ser tolos ou tolas, ou, usando terminologia popular, bobões. Longe disso! Dirijo-me a mulheres, homens, jovens, crianças e Espíritos, Almas Benditas, probos, capazes de entender essas minhas modestas meditações. Jesus concedeu-nos **o extremado exemplo de destemor**: deixou-se crucificar no Gólgota para que, com Sua Divina Luz, pudéssemos ressurgir das cinzas da ignorância espiritual e assumir a Fortaleza Dele.

Na verdade, há um objetivo central do Excelso Taumaturgo ao conduzir as ovelhas — aquelas que, sabendo ou não, fazem jus à luminosidade de Seu Novo Mandamento[11] — ao meio dos "lobos", que andam pelo mundo perdidos nas convocações da perturbação destruidora: é o de que eles, os "lobos", consigam so-

---

[11] **Novo Mandamento de Jesus** — Evangelho do Cristo, segundo João, 13:34 e 35; e 15:13 e 9: *"Amai-vos como Eu vos amei. Somente assim podereis ser reconhecidos como meus discípulos, se tiverdes o mesmo Amor uns pelos outros. Não há maior Amor do que doar a própria vida pelos seus amigos. Porquanto, da mesma forma como o Pai me ama, Eu também vos amo. Permanecei no meu Amor"*.

breviver aos dramas da vida e se tornem espíritos melhores. Desta feita, quando reencarnados, sejam excelentes cidadãos, de modo que deixem de sofrer e de fazer sofrer. E, finalmente, que possam concluir que, acima de tudo, são, em essência, Espírito, filhos de Deus e que, com esse conhecimento básico, podem transformar, para melhor e para sempre, suas existências no Plano Espiritual e na Terra.

A GLÓRIA DO ARREPENDIMENTO

Ainda acerca dessa renovação espiritual, o Divino Educador dos povos, na Parábola da Ovelha Perdida, em Sua Boa Nova, consoante Lucas, 15:4 a 7, traz valioso ensinamento:

> [4] *Qual, dentre vós, é o homem que, possuindo cem ovelhas e perdendo uma delas, não deixa no deserto as noventa e nove e vai em busca da que se perdeu, até encontrá-la?*
> [5] *Achando-a, põe-na sobre os ombros, cheio de júbilo.*
> [6] *E, indo para casa, reúne os amigos e vizinhos, dizendo-lhes: Alegrai-vos comigo, porque já achei a minha ovelha perdida.*
> [7] *Digo-vos que, assim, haverá maior júbilo no céu por um pecador que se arrepende do que por noventa e nove justos que não necessitam de arrependimento.*

Esses últimos já estão no caminho. Não há que se inquietar com eles, se bem que é preciso que o pastor mantenha constante atenção às ovelhas, porque o "lobo" procura aproximar-se em qualquer situação. E é bom ter uns cachorros para tomar conta. Não é isso mesmo? Jesus usa de parábolas e vale-se do rebanho para nos esclarecer. Não é assim que age o trabalhador que cuida dos animais do campo? O "lobo invisível" está por aí, à espreita, pessoal! Mas estou ensinando vocês a deixar de ser comida de "lobo". Isto é prover Educação ao povo, para que haja uma Sociedade realmente Solidária Altruística Ecumênica: além de instruí-lo, educá-lo e, acima de tudo, ecumenicamente espiritualizá-lo, com o Ecumenismo dos Corações[12], **que se comove com o sofrimento**, a despeito de etnia, nacionalidade ou crença de quem padece. Daí a minha preocupação de aplicar nas escolas da LBV, desde a mais tenra idade, a Pedagogia do Afeto e a Pedagogia do Cidadão Ecumênico[13], linhas educacionais que

---

[12] **Ecumenismo dos Corações** — Leia mais sobre o assunto em "Os Quatro Pilares do Ecumenismo", no livro *Reflexões da Alma* (2003), de Paiva Netto. Essa obra já bateu a marca de mais de 510 mil exemplares vendidos, sendo traduzida na Europa e na América Latina, além de sua versão para o idioma internacional Esperanto.

[13] **Pedagogia do Afeto e Pedagogia do Cidadão Ecumênico** — Vanguardeira proposta pedagógica criada por Paiva Netto, que apresenta um modelo novo de aprendizado, tendo por base a Espiritualidade Ecumênica, aliando coração e intelecto. Essa linha educacional é aplicada com sucesso na rede de ensino e nos programas socioeducacionais desenvolvidos pela Legião da Boa Vontade. Ambas *"fundamentam-se nos valores oriundos do Amor Fraterno, tra-*

criei para promover Educação com Espiritualidade Ecumênica — **uma visão além do intelecto**.

BATALHA BRUTAL PELA SOBREVIVÊNCIA

No dia a dia, cada vez mais se faz notar a crescente concorrência que existe não apenas entre as grandes empresas, grupos, cartéis, monopólios, trustes, mas, sobretudo, individualmente entre as próprias criaturas. Apesar disso, para que se possa ferozmente subsistir em um planeta bastante selvagem, elas não podem soçobrar às pressões desagregadoras do cotidiano. Claro que não estou me referindo à competitividade sadia, por exemplo, a que ocorre no futebol. Afinal, Esporte é melhor do que guerra.

Diante do quadro de tensões, dificuldades e desafios da vida, é lamentável como tem sido comum recorrer-se a substâncias tóxicas, com a ilusão de se encontrar uma válvula de escape ou alegrias duradouras. Tudo isso é um tremendo engano! Nosso refúgio permanente deve ser Deus, o Cristo, o Espírito Santo, nossas famílias, os verdadeiros amigos, a vivência da Caridade, entre outros sublimes valores.

---

zido à Terra por diversos luminares, destacadamente Jesus, o Cristo Ecumênico, o Divino Estadista", conforme afirma o educador Paiva Netto. Na Pedagogia do Afeto, o enfoque é sobre as crianças de até os 10 anos de idade, e a Pedagogia do Cidadão Ecumênico é direcionada à educação de adolescentes e adultos.

Ainda sobre os prejuízos ocasionados por uso de substâncias nocivas, a exemplo do álcool e de outras drogas, o Serviço Social da Indústria (Sesi) do Paraná faz divulgar, desde 2013, em seu portal na internet o seguinte:

> *Estatísticas da Organização Mundial do Trabalho (OIT) apontam o Brasil entre os cinco primeiros do mundo em número de acidentes no trabalho. São em média 500 mil por ano e quatro mil deles resultam em morte. Os setores mais afetados são: construção civil, indústrias metal-mecânica, eletroeletrônica, moveleiras e madeireiras.*
>
> *Segundo cálculos do Banco Interamericano do Desenvolvimento (BID), o Brasil perde por ano US$ 19 bilhões por absenteísmo* [falta ao trabalho], *acidentes e enfermidades causadas pelo uso do álcool e outras drogas.*
>
> *Dados levantados pela OIT indicam que de 20% a 25% dos acidentes de trabalho no mundo envolvem pessoas intoxicadas que se machucam a si mesmas e a outros.*

ADENDO

LEVANTAMENTO NACIONAL DE ÁLCOOL E DROGAS

No segundo Levantamento Nacional de Álcool e Drogas (II Lenad), realizado pelo Instituto Nacional de Ciência e Tecnologia para Políticas Públicas do Álcool e Outras Drogas (Inpad), em 2012, com um total de 4.607 participantes, escolhendo-se aleatoriamente indivíduos com 14 anos ou mais de todo o território brasileiro, foram listados os seguintes efeitos prejudiciais do consumo de álcool:

- 32% dos adultos que bebem referiram não ter sido capazes de conseguir parar depois de começar a beber;
- 10% dos entrevistados referiram que alguém já se machucou em consequência de seu consumo de álcool;
- 8% dos entrevistados admitem que o uso de álcool já teve efeito prejudicial em seu trabalho;
- 4,9% dos bebedores perderam o emprego em razão do consumo de álcool;
- 9% admitem que o uso de álcool já teve efeito prejudicial em sua família ou em seus relacionamentos.

O CORPO HUMANO NÃO COMBINA COM ÁLCOOL

Esses números que acabamos de ler revelam que uma parcela da população infelizmente não está sabendo como suportar a batalha diária pela sobrevivência, que se tornou, sob vários aspectos, brutal. Tal estado de ânimo tem servido de brecha para as investidas do "lobo invisível", que passa a maldosamente empurrar os invigilantes e incautos para os vícios. Por esse motivo, sempre faço questão de publicar na revista JESUS ESTÁ CHEGANDO! mensagens que nos chegam do Mundo da Verdade com marcantes alertamentos. Reúno aqui para vocês palavras do Irmão Flexa Dourada (Espírito) trazidas pela sensitividade de Chico Periotto, datadas de 3 de outubro de 2009 e 13 de novembro de 2010.

Flexa Dourada

Diz o diligente Amigo da Pátria da Verdade:

— *O Mundo Espiritual Superior sempre manda os fluidos revitalizantes para a boa saúde dos seres humanos. Agora, quando qualquer pessoa vive de exageros, não tem banho de fluidos que ajude. Quem toma álcool, por exemplo, vai acabando com tudo no organismo. A pessoa diz: "Ah, mas é tomar só um pouco. Um pouco faz bem à saúde".* ***Álcool não faz bem para nada. O organismo não foi feito para consumir álcool.*** *Aqui de Cima* [do Mundo Espiritual], *não conhecemos ninguém que tenha na Terra ficado com a saúde boa por isso. Vejam,* ***os efeitos da bebida alcoólica são tão devastadores****, mas, às vezes, não são imediatos. Isso vai acontecendo, acontecendo, para a frente, para o futuro. Mas, um dia, a doença vem. Muitas pessoas vão desenvolver moléstias pelo corpo todo, por tudo isso.* ***O cigarro é também uma das pragas da humanidade. Ci-***

garro, bebidas alcoólicas e drogas. Tudo isso é suicídio!

ARREBENTAR OS GRILHÕES DA IGNORÂNCIA ESPIRITUAL

O ser humano, de modo assustador, está mergulhando dia após dia numa condição psíquica instável, afastada do primário conhecimento de que **a Vida começa antes da Vida e de que a morte não interrompe a existência do Espírito**. O indivíduo que, de maneira lastimável, está distante das Lições Divinas, sofrerá ainda muito mais, caso venha a se distanciar da Ciência Espiritual, que provém da Dimensão Celeste e pode ajudá-lo a manter o equilíbrio psicossomático.

Difundir, portanto, a Doutrina Redentora assectária do Cristo Ecumênico, o Divino Estadista — que, sem fanatismo, anima a criatura, porque limpa a sua Alma —, é de extrema importância na libertação dos grilhões da ignorância espiritual, que a martiriza. É fundamental que as ovelhas do Senhor saiam do comodismo e propaguem por todos os cantos a Sua excelsa Mensagem de Esperança. Só assim, então, *"nas suas testas estará gravado o nome do Cordeiro de Deus"* (Apocalipse de Jesus, 22:4).

O Filho de Deus em nenhum momento falou às ovelhas: "Mando-vos como paspalhas, tolas, covardes, desfibradas, fujonas para o meio de lobos". Aliás, por não ser subserviente ao mal, Jesus foi crucificado. Costumo afirmar em minhas palestras: quando — religiosos e políticos daquele tempo — tentaram acabar com Ele, **ao pregá-Lo na cruz, ergueram-No, na hora do supremo sacrifício, acima de todas as cabeças**. Os Seus maiores adversários — que acreditavam ter Nele um ferrenho desafeto — definitivamente O apresentaram à humanidade, **elevando-O sobre todos**.

Jesus, quando elucida sobre ovelhas no meio de lobos agindo com prudência e simplicidade, refere-se a **corajosas pessoas que têm sentimento bom e que são ovelhas decididas na ação do Bem**.

Acerca dessa intrepidez, que reveste os perseverantes na Fé, oportunas fazem-se estas palavras do saudoso pastor evangélico **Billy Graham** (1918-2018):

> *No século dezesseis houve um sangrento expurgo de cristãos na Escócia, que morreram por sua fé. Milhares de ministros e leigos sofreram por Cristo. Muitos foram enforcados no patíbulo ou mortos a sangue frio. Alguns desses crentes suportaram a tortura de ser queimados vivos ou decapitados. As últimas palavras desses heróis e mártires provam a veracidade da promessa que Cristo fez aos discípulos. Ele os advertiu: "Eis que vos envio como ovelhas para o meio de lobos... por minha causa sereis levados à presença de governadores e de reis, para lhes*

servir de testemunho, a eles e aos gentios" (Mateus, 10:16-18).

Em sua hora final de agonia, homens e mulheres que sofreram e morreram por Cristo receberam palavras para dizer e coragem para morrer.

Patrick Hamilton *era um jovem escocês, de vinte e quatro anos de idade, quando foi condenado e sentenciado à morte. Levado às pressas ao poste, quando o fogo já ardia, ele despiu as roupas de cima e as entregou ao seu servo, dizendo: "Elas não me adiantarão no fogo, mas tu podes aproveitá-las". Um dos perseguidores de Hamilton insultou-o a fim de que negasse a Deus, mas ele respondeu: "Homem ímpio! Sabes que não sou culpado e que é pela verdade de Deus que agora sofro".*

Quando o fogo ardia, o jovem mártir bradou: "Até quando, ó Senhor, as trevas imperarão nesta esfera? Até quando sofrerás esta tirania do homem?" Quando estava sendo consumido pelas chamas, ele orou como o ***Estêvão*** *bíblico: "Senhor Jesus, recebe o meu Espírito".*

(...)

Martinho Lutero

Quando ***Martinho Lutero*** *estava morrendo, repetiu três vezes: "Nas tuas mãos entrego o meu Espírito! Tu me remiste, ó Deus da Verdade".*

A despedida de ***John Milton*** *foi: "A morte é a grande chave que abre o palácio da eternidade".*

***Lew Wallace**, autor de* Ben Hur, *teve uma frase da oração do Senhor nos lábios: "Seja feita a Tua vontade".*

Em seu testamento, Shakespeare disse: "Entrego minha alma nas mãos de Deus, meu Criador, esperando e crendo com segurança, mediante os méritos de Jesus Cristo, meu Salvador, que serei feito participante da vida eterna; e meu corpo à terra, da qual foi feito".

Michelangelo

*As últimas palavras de **Michelangelo** aos que rodeavam sua cama foram: "Por toda a vida, lembrem-se dos sofrimentos de Jesus".*

Não sei se sofreremos pela causa de Cristo. Mas por todo o mundo hoje há pessoas que estão suportando crueldade e perseguição pela fé cristã. Precisamos orar por eles e por nós mesmos, para que, na hora da morte, Deus nos dê a graça de suportarmos até o fim, antecipando a certeza da Sua glória por vir.

DESMASCARANDO O ANTI-CRISTO

Na série radiofônica "Evangelho Unificado de Jesus"[14] — que levei ao ar na Super Rede Boa Vontade

[14] **"Evangelho Unificado de Jesus"** — Pelas ondas de rádio, Paiva Netto apresentou, durante décadas, palestras fraternas e ecumênicas aos ouvintes, que vão ao ar por meio de inúmeros programas em parceria com milhares de

de Rádio, na década de 1990 —, defendo o meu ponto de vista quanto à verdadeira face do anti-Cristo. Em determinado momento da palestra, feita ao vivo e de improviso, destaquei:

O que mais anti-crístico do que o ódio? Alguns ficam somente esperando um monstro, mas é preciso livrar a cabeça de simbolismos estereotipados, que levam as pessoas a esperar algo fantasmagórico, quando o problema está aqui neste plano mesmo, há séculos se desenrolando. O próprio Apocalipse fala em vários anti-Cristos. Contudo, a explicação que existe por aí sobre eles é muito restritiva.

Os estereótipos geralmente mantêm as criaturas distraídas, quando, na realidade, a ação do anti-Cristo é a ira, o estupro, o feminicídio, a pedofilia, a maldade, a violência doméstica, a corrupção, a impunidade e tudo mais que desonra o Espírito, o ser humano, o cidadão, a família, a comunidade, a sociedade, a pátria, o mundo.

Eis que o anti-Cristo é também uma espécie de "lobo invisível", que urge ser banido de dentro das criaturas.

---

emissoras por todo o Brasil, somando mais de 40 séries radiofônicas. Entre elas, destacam-se "Lições de Vida", "Evangelho Unificado de Jesus", "Atos dos Apóstolos do Cristo", "Cruzada do Novo Mandamento de Jesus no Lar", "Séries Espirituais", "Apocalipse para o Povo", "Apocalipse e Profecias" e "O Apocalipse de Jesus para os Simples de Coração". Esta última foi transmitida, pela primeira vez, de 27 de outubro de 1990 a fevereiro de 1992, alcançando a marca de mais de 450 programas de grande popularidade e abrangência. São milhares de horas dedicadas ao conforto e esclarecimento espiritual das massas, reunindo todos em torno dos ensinamentos universais de Jesus, o Cristo Ecumênico, o Divino Estadista.

Trata-se da **Babilônia**[15]**, parte não apreciável de todos nós.**

Nostradamus (1503-1566), numa carta que endereçou a **Henrique II** (1519-1559), rei da França, revela que:

— *A apostasia será quase geral.*

O vidente de Salon[16] fez, com essas poucas palavras, uma descrição da atividade do anti-Cristo.

O Mestre Jesus, por sua vez, descrevendo os tempos em que vivemos, declarou:

> — *E, por se multiplicar a iniquidade* [no mundo], *o amor de muitos esfriará. Mas aquele, porém, que perseverar até o fim será salvo* (Evangelho do Cristo, segundo Mateus, 24:12 e 13).

[15] **Babilônia** — Apocalipse de Jesus, segundo João, 14:8; 16:19; 17:5; 18:2; e 18:10.
[16] **Salon** — Cidade francesa onde Nostradamus viveu.

ASSUMIR A FORTALEZA DO CRISTO

Não é por pregar o Evangelho e o Apocalipse do Cristo de Deus que devemos ser tolos ou tolas, ou, usando terminologia popular, bobões. Longe disso! Dirijo-me a mulheres, homens, jovens, crianças e Espíritos, Almas Benditas, probos, capazes de entender essas minhas modestas meditações. Jesus concedeu-nos o extremado exemplo de destemor: deixou-se crucificar no Gólgota para que, com Sua Divina Luz, pudéssemos ressurgir das cinzas da ignorância espiritual e assumir a Fortaleza Dele.

A MISSÃO DOS SETENTA E O "LOBO INVISÍVEL"

– PARTE 6 –

A maldade aparenta ser infindável, em consequência do curto período que passamos na Terra. Tanta barbaridade por aí vemos! E os seres que a praticam, ao desencarnar, como não são evoluídos, têm de seguir pelo Umbral, ou seja, as regiões purgatoriais do Mundo Invisível. (...) É imprescindível recordar esta máxima de Alziro Zarur, que ele sempre repetia em seus programas radiofônicos: *"Atingir o equilíbrio é a meta suprema. O Bem nunca será vencido pelo mal"*.

A Barca de Dante | 1822 | Eugène Delacroix (1798-1863) | Óleo sobre tela | 189 x 241 cm | Museu do Louvre, Paris, França

"QUEDA" DE LÚCIFER E O INFERNO DE DANTE

Minhas Amigas e meus Irmãos, minhas Irmãs e meus Amigos, um dos temas mais discutidos e menos compreendidos por muitos pensadores, exegetas[1], hermeneutas[2] da Bíblia, decodificadores do Texto Santo no que se refere à sua Parte Divina, é a "queda" de Lúcifer. Como esclareceu o saudoso Irmão Zarur, de forma especial, ele foi expulso do Céu, por Miguel Arcanjo, que o veterano Legionário da Boa Vontade de Deus **Achilles de Andrade de Souza** (1913-1991) denominava

Achilles A. de Souza

> — *o delegado celeste de Deus, delegado de polícia de Jesus.*

---

[1] **Exegetas** — Indivíduos que realizam a exegese, interpretação ou esclarecimento minucioso de um escrito, considerando o contexto cultural da época em que foi produzido.

[2] **Hermeneutas** — Aqueles que são versados na hermenêutica, ciência voltada à teoria da compreensão e interpretação de expressões linguísticas e não linguísticas. No caso em questão, a hermenêutica bíblica, a qual se refere ao estudo dos princípios da interpretação das Escrituras Sagradas.

AS CASAS TRANSITÓRIAS

Eu elevei uma prece a Jesus, pedindo-Lhe que me mostrasse onde se encontravam as necessárias explicações vindas do Mundo Invisível, ainda distante da nossa pequena compreensão espiritual. E a minha querida esposa, **Lucimara Augusta**, seguramente movida pelos nossos Anjos Guardiães, trouxe-me o livro *Obreiros da Vida Eterna*, ditado pelo Espírito André Luiz e psicografado por Francisco Cândido Xavier. Estava aberto no capítulo "A Casa Transitória", que descreve construções na dimensão espiritual assim denominadas, ao estilo de grandes hospitais móveis, muito bem equipados e com tecnologia especial para se deslocar de uma região a outra quando preciso.

As Casas Transitórias localizam-se nas proximidades da Terra, em lugares de penoso tormento. Foram fundadas pelo caridoso frei **Fabiano de Cristo**, nome religioso adotado por João Barbosa (1676-1747). Nascido em Portugal, ele passou a maior parte da vida no Brasil, onde abandonou sua fortuna para se dedicar ao amparo de milhares de pessoas sofredoras, seguindo os exemplos de Jesus.

Fabiano de Cristo

De acordo com o Assistente Espiritual **Jerônimo** — citado na obra —, essas imensas estruturas, que possuem completo aparato socorrista, comportam enfermarias especializadas em atender Espíritos que partem para o Outro Lado sem condições vibratórias de habitar Planos mais elevados, mas em um quadro que permite à Providência Divina lhes conceder ajuda proveitosa. Ali contam com o auxílio emergencial até que possam seguir para outras esferas na Pátria da Verdade ou, em casos mais extremos, retornar, o quanto antes, a uma vida nova na Terra para dar continuidade ao próprio tratamento, que requer medidas de reajuste, que somente a reencarnação pode proporcionar.

Pelo fato de transitarem por paragens malignas, as Casas Transitórias recebem horrendos ataques de espíritos ignorantes e obsessores, muitos deles revelando-se em forma de animais ferozes. Para garantir a segurança de todos, elas são munidas de potente sistema de defesa, que as protege contra as nefastas investidas.

A certa altura desse capítulo, ocorreu o seguinte fato, que interrompeu conversação de que participavam o Mentor Espiritual de André Luiz e a diretora da Casa Transitória Irmã **Zenóbia**:

> *Invisível campainha ressoou, estridente, com estranha entonação.*
>
> *Não decorreram cinco segundos e alguém penetrou a sala, rumorosamente. Era determinado servo da vigilância, que anunciou, quase que com precipitação:*
>
> *— Irmã Zenóbia, aproximam-se entidades cruéis. A agulha de aviso indicou a direção norte. Devem estar a três quilômetros, aproximadamente.*

O "LOBO INVISÍVEL" E AS ESFERAS ESPIRITUAIS

Abro parênteses a fim de chamar a atenção para *A Divina Comédia*, de **Dante Alighieri** (1265-1321), que deveria ser estudada sem os preconceitos humanos, que reduzem a vida a este pequenino planeta, perdido, em termos, num Universo infinito. Porém, a Terra é muito mais do que podemos enxergar. Existe a sua parte ainda invisível, onde habitam muitos Espíritos, muitas Almas, vibrando em diferentes frequências e, por conseguinte, tendo perspectiva diversa de outros seres que residem em dimensões várias. **Quem gravita em mundos constituídos por duas, três dimensões não pode, em absoluto, ter a abrangência visual do que evolui em quatro ou mais dimensões.**

Ressalte-se: o "lobo invisível" transita entre as esferas espirituais e materiais. E ele é tanto mais ou menos invisível na razão direta em que, de forma infantil, nos negamos ou não a nos alçar às **universidades celestes. Nelas, a ampliação do conhecimento remove de nossos olhos o véu que nos deixa cegos**, mesmo que pretensamente cogitemos possuir a visão magnífica da realidade.

Depois voltaremos ao assunto, pois tenho a intenção de ler os esclarecimentos dos Espíritos. Não se espantem. **Vocês também são Espírito.** Todos estamos provisoriamente revestidos da carne. Jesus disse:

— ***A carne para nada serve. O Espírito é que vivifica*** (Evangelho, segundo João, 6:63).

Mas o Bom Pastor não estava propondo a desatenção ao nosso corpo físico. Cuidado com essa sugestão suicida do "lobo" maroto, que se disfarça por trás de outras dimensões e que esconde de nós diferentes degraus da Vida. Com toda a razão, afirmava Zarur:

— *O suicídio não resolve as angústias de ninguém.*

E Jesus adverte, no Apocalipse, 9:6, que

— *a morte fugirá deles,*

porquanto ninguém morre. Todos continuamos "vivinhos da silva", como assegura o povo, com muita propriedade.

Quando o Cristo ensina que ***"a carne para nada serve. O Espírito é que vivifica"***, Ele quer, em suma, nos revelar que **a nossa essência é espiritual**. Ser Espírito é condição anterior ao corpo; **trata-se da realidade primordial de tudo**. Por quê?! Porque **Deus é Espírito**. Jesus revelou à samaritana junto ao poço de Jacó, em Seu Evangelho, segundo João, 4:23 e 24:

23 *Mas a hora vem, e já chegou, em que os verdadeiros adoradores adorarão o Pai em Espírito e*

Verdade, porque são estes que o Pai procura para Seus adoradores.
[24] ***Deus é Espírito****; e importa que os Seus adoradores O adorem em Espírito e Verdade.*

TOMAR PROVIDÊNCIAS CONTRA O "LOBO"

Vocês que, em diversas organizações, setores etc., lideram, comandam, dirigem equipes guardem bem o seguinte trecho de *Obreiros da Vida Eterna* na própria inteligência e na consciência espiritual e humana:

> *A orientadora empalideceu ligeiramente, mas não traiu a emoção com qualquer gesto que denunciasse fraqueza. E ordenou:*
> *— Acendam as luzes exteriores! Todas as luzes! E liguem as forças da defesa elétrica, reforçando a zona de repulsão para o norte.*

O QUE ENTENDEMOS POR DEMÔNIO, SATANÁS OU DIABO?

Daquela direção vinha uma turba de espíritos obsessores, os seres trevosos, que alguns chamam de demônio, satanás ou diabo. Mas Alziro Zarur explicava que

— *satanás é o próprio homem enquanto pratica o mal. No dia em que o ser humano, homem ou mulher, deixar de praticar o mal, acaba o reinado de satanás.*

Contudo, é essencial esclarecer que esses seres invisíveis, que sobrevivem nas esferas espirituais atrasadas, têm seus correspondentes na Terra. São os seres humanos que se comprazem no mal, em grande escala ou em pequenas ordens, causando enormes estragos sobre os indivíduos, suas coletividades ou a humanidade inteira. É urgente saber derrotar os "lobos", **convencendo-os** de que se encontram no caminho do mal, de modo que não fiquem a "soprar" sugestões perversas nos "ouvidos" daqueles que se submetem ao seu guante. É preciso orar sempre por eles, por sua iluminação espiritual e para a segurança nossa. Trata-se de uma situação da qual os escravos do "lobo invisível" não se podem livrar, por culpa própria, porque desmentem a toda hora a possibilidade da existência do inimigo feroz invisível. A esses, novamente recordamos a determinação de Jesus, em Sua Boa Nova, consoante Mateus, 26:41:

— *Vigiai e orai, para não cairdes em tentação,*

isto é, *"vigiai e orai"*, para não cair sob o domínio de forças trevosas, ainda perversas. E por serem imperceptíveis aos nossos olhos físicos, conduzem, sorrateiros, muitos à ruína espiritual, moral e material.

"INTELIGÊNCIAS" AFASTADAS DO BEM

Mas prossigamos na narrativa do elucidativo *Obreiros da Vida Eterna*, do Espírito André Luiz:

> — *Com essas providências, os invasores serão afastados do nosso caminho* [disse a diretora].
>
> *(...) Jerônimo e Zenóbia demonstravam, através do olhar, asfixiante preocupação. Estariam ocorrendo fatos que eu ignorava?* [pensou André Luiz.] *Será que espíritos reconhecidamente maus também organizavam expedições semelhantes às que fazemos, mas para o Bem? Que espécie de entidades seriam aquelas, para infundirem tamanha preocupação nos dirigentes esclarecidos e virtuosos de nossos trabalhos e tão grande terror nos subordinados daquela Casa de amor cristão? (...)*
>
> *Através de minúscula abertura, notei que enormes holofotes se acendiam de súbito, no exterior, como as luzes de grande navio assaltado por nevoeiro denso em zona perigosa.*
>
> *Ruídos característicos faziam-se sentir à nossa audição, informando-nos que aparelhos elétricos haviam sido postos em funcionamento.*

> — *É lamentável — exclamou Zenóbia, com a manifesta intenção de restaurar-nos a tranquilidade — que tantas inteligências humanas, afastadas do Bem e voltadas ao crime, se consagrem aqui* [nas regiões umbralinas] *ao prosseguimento de atividades ruinosas e destruidoras.*
>
> *Nenhum de nós ousou dizer qualquer palavra.*

EFÊMERO PODER DAS TREVAS

Faço um aparte nesse comentário enriquecedor da Irmã Zenóbia para trazer importante descrição, feita também por André Luiz, no capítulo "Treva e Sofrimento", da mesma obra espiritual, acerca das zonas infernais que o grupamento socorrista encontra ao longo do estranho caminho, que perfeitamente ilustram as explanações da chefe da Casa Transitória Fabiano de Cristo:

> *Completa a comissão de serviço de que Zenóbia se fazia acompanhar, pusemo-nos em marcha, abeirando-nos do vale de treva e sofrimento.*
>
> *A sombra tornava-se, de novo, muito densa e não se conseguia divisar o recôncavo. Frases comovedoras, porém, subiam até nós. Dolorosos ais, blasfêmias, imprecações. Guardava a ideia de que vastíssimo agrupamento de infelizes se rebolcava no solo, embaixo. Os impropérios infundiam receio; contudo, os gemidos ecoavam-me angustiosamente n'alma. (...)*

Os adversários gratuitos de nossa atuação não se limitaram ao vozerio perturbador. ***Bolas de substância negra começaram a cair, ao nosso lado, partindo de vários pontos do abismo de dor.***

— As redes! — exclamou Zenóbia, dirigindo-se a alguns colaboradores — ***estendam as redes de defesa****, isolando-nos o agrupamento.*

As determinações foram cumpridas rapidamente. ***Redes luminosas desdobraram-se à nossa frente****, material esse especializado para o momento, em vista da sua elevada potência magnética, porque as bolas e setas, que nos eram atiradas, detinham-se aí, paralisadas por misteriosa força. (...)*

Longas filas de sofredores acorriam de todos os recantos*, fitando-nos à claridade das tochas, à distância de trinta metros, aproximadamente. Estendiam-se em vasta procissão de duendes silenciosos e tristes, parecendo guardar todas as características das enfermidades físicas trazidas da Crosta, no campo impressivo do corpo astral. (...) De olhos ansiosos,* ***falavam sem palavras do intenso e secreto desejo de se unirem a nós****; entretanto, algo lhes coibia a realização. (...)* ***Por que não corriam ao nosso encontro?*** *Por que não se ajoelharem, junto de nós, em sinal de reconhecimento sincero a Deus? Desejando penetrar a causa daquela imobilidade compulsória, compreendi, sem maiores esclarecimentos, o que se passava.* ***Entre a multidão compacta e nós outros***

> ***cavava-se profundo fosso, e, onde surgiam possibilidades de transposição*** *mais fácil, reuniam-se pequenos grupos de* ***entidades que se revelavam por sinistra expressão fisionômica****. Não podia abrigar qualquer dúvida.* ***Aqueles rostos agressivos e duros sustentavam severa vigilância. Que faziam aí semelhantes verdugos?*** *Permaneceriam dirigidos por potências vingadoras, com poderes transitórios na zona das trevas, ou agiriam por sua conta própria, obedientes a desvairadas paixões da mente em desequilíbrio?* ***Recordei antigas lendas do inferno*** *esboçado na teologia católico-romana, para concluir que a fogueira ardente, onde Satã se comprazia em torturar as almas, devia ser mais bela que a paisagem de lama, treva e sofrimento à nossa vista.*
>
> (Os destaques são meus.)

A QUEDA DOS "GÊNIOS" PERVERSOS

De volta ao capítulo "A Casa Transitória", atentemos a esta extraordinária explicação da Irmã Zenóbia, que disse:

> — ***A tragédia bíblica da queda dos anjos luminosos, em abismos de trevas****, repete-se todos os dias, sem que o percebamos em sentido direto. Quantos gênios da Filosofia e da Ciência dedicados à opressão e à tirania! Quantas almas de profundo valor*

> *intelectual se precipitam no despenhadeiro de forças cegas e fatais!* ***Lançados ao precipício pelo desvio voluntário, esses infelizes raramente se penitenciam e tentam recuo benéfico...*** *Na maioria das vezes, dentro da terrível insatisfação do egoísmo e da vaidade, insurgem-se contra o próprio Criador* [como na história de Lúcifer], *aviltando-se na guerra prolongada às suas divinas obras. Agrupam-se em sombrias e devastadoras multidões, operando movimentos perturbadores que desafiam a mais astuta imaginação humana* ***e confirmam as velhas descrições mitológicas do inferno****.*
>
> *Observando-me, possivelmente, a angústia íntima, em face de suas considerações, a Irmã Zenóbia acrescentou:*
>
> *—* ***Chegará, porém, o dia da transformação*** *dos gênios perversos, desencarnados,* ***em Espíritos de Luz pelo bem divino****.* ***Todo mal, ainda que perdure milênios, é transitório.***
>
> (Os destaques são meus.)

É preciso meditarmos muito sobre esta afirmativa da Irmã Zenóbia: "***Chegará, porém, o dia da transformação*** *dos gênios perversos, desencarnados,* ***em Espíritos de Luz pelo bem divino***". Vivendo no Mundo Invisível — **que muitos julgam não existir** —, esses "gênios", ao se renovarem pelo sofrimento, apressarão o seu progresso espiritual.

Muitos consideram não haver continuidade da existência no Etéreo. Vão ter uma surpresa!!! Posso estar enganado? Mas também posso não estar. Entretanto, e se eu estiver certo, hein?! **Que tal um pouco de modéstia diante de fatos possíveis de se realizarem na sua vida espiritual, com consequências na vida física?** Essa consciência é fundamental para que haja, de nossa parte, dedicação às questões que dizem respeito à nossa sobrevivência eterna.

Revelam os Mentores Espirituais que **um dos maiores dramas na Pátria da Verdade é a chegada de multidões livres das algemas da carne, mas completamente ignorantes do que seja o Mundo Invisível**.

ETERNO, SÓ O DIVINO BEM

Reiteramos aqui o que garante a Irmã Zenóbia:

> — *Todo mal, ainda que perdure milênios, é transitório.*

A maldade aparenta ser infindável, em consequência do curto período que passamos na Terra. Tanta barbaridade por aí vemos! E os seres que a praticam, ao desencarnar, como não são evoluídos, **têm de seguir pelo Umbral**, ou seja, para as regiões purgatoriais do Mundo Invisível. E, nele, deparam-se com cenas iguais às descritas nessa estupenda obra de André Luiz. Aí, o sujeito, homem ou mulher que morre e transita por locais plúmbeos, sombrios, **mais tarde, ao reencarnar, pode trazer em sua mente aquelas imagens, que acabam sendo reproduzidas na literatura, no teatro, nos filmes**... Deixam de mostrar o Plano Espiritual na sua totalidade. **Há esferas superiores, às quais somos destinados**, desde que perseveremos, até ao fim, no Bem Celestial, **como manda Jesus** (Evangelho, segundo Mateus, 10:16 e 22)[3]. Lá chegaremos, visto que **a Reencarnação é uma Lei verdadeira, uma Norma Espiritual gerida pela Bondade Divina**, que nos dá a oportunidade de nos redimir **e não nos joga para a dor eterna.**

É imprescindível recordar esta máxima de Alziro Zarur, que ele sempre repetia em seus programas radiofônicos:

> — *Atingir o equilíbrio é a meta suprema. O Bem nunca será vencido pelo mal.*

Encerramos este capítulo lendo o que nos relata a Irmã Zenóbia:

> — *Achamo-nos apenas em* ***luta pela vitória imortal de Deus****, contra a inferioridade do "eu"*

---

[3] **Evangelho de Jesus, segundo Mateus, 10:16 e 22:** *"Eis que Eu vos envio como ovelhas para o meio de lobos. Sede, portanto, simples como as pombas, mas prudentes como as serpentes. Sereis odiados de todos por causa do meu nome;* ***aquele, porém, que perseverar até ao fim será salvo****".*

> *em nossas vidas.* ***Toda expressão de ignorância é fictícia. Somente a sabedoria é eterna.*** *(...) Alguns séculos — prosseguiu a diretora — de reencarnações terrestres constituem tempo escasso para reeducar inteligências pervertidas no crime. É por isso que os trabalhos retificadores continuam vivos, além da morte do corpo físico, obrigando os servos da verdade e do bem a suportar os irmãos menos felizes,* ***até que se arrependam e se convertam*** **[à Verdade Divina]**.
>
> (Os destaques são meus.)

Não há punição eterna. **A Reencarnação é o bálsamo divino para a cura do doente que a si mesmo se enferma.**

O tempo da pena depende de nosso desempenho e de mais ninguém, a não ser de Deus, que a nosso favor tem outra Lei de Misericórdia, chamada **Lei da Graça e do Perdão**, da qual já falamos. Numa próxima oportunidade, mais profundamente a iremos analisar.

Deus é Pai, não é carrasco, como afirmava Alziro Zarur. Até o "lobo invisível" Ele quer salvar.

ROTEIRO INFALÍVEL PARA SE PROTEGER DO MAL

É urgente saber derrotar os "lobos", convencendo-os de que se encontram no caminho do mal, de modo que não fiquem a "soprar" sugestões perversas nos "ouvidos" daqueles que se submetem ao seu guante. É preciso orar sempre por eles, por sua iluminação espiritual e para a segurança nossa. Trata-se de uma situação da qual os escravos do "lobo invisível" não se podem livrar, por culpa própria, porque desmentem a toda hora a possibilidade da existência do inimigo feroz invisível.

"LOBO INVISÍVEL" E OBSESSÃO

Na excelente obra *Dramas da obsessão*, de nosso estimado dr. Bezerra de Menezes, pela psicografia da veneranda Irmã **Yvonne do Amaral Pereira**, vemos **forte cena** que revela a funesta atividade do "lobo invisível" **nos lares do mundo. Só com o poder da prece e as ações libertadoras, inspiradas por ela, podemos dominar a atuação do mal**, a ponto de, no devido tempo, até mesmo ao malfeitor salvar, sem que se ponham a perder os nossos entes queridos, a comunidade e as nações.

No referido livro, encontra-se o relato do autor quando colaborava, em Espírito, como conselheiro e médico, em um Posto de Assistência aos Necessitados, ligado a uma entidade socorrista no Brasil, para fornecimento de receituário e beneficências espirituais, morais e físicas, cujos serviços eram programados pelo Espírito **Bittencourt Sampaio** (1834-1895). Contava o dr. Bezerra, na ocasião, com o auxílio de um Irmão Espiritual que adotou o prenome de **Roberto**, embora esse não fosse seu nome verdadeiro.

Bittencourt Sampaio

Relata o "Médico dos Pobres" que, certa noite, chegara uma carta vinda do Sul do país, contendo fervorosa súplica para que uma visitação espiritual fosse feita com urgência a um ambiente doméstico, ferozmente atacado por poderes invisíveis (o "lobo" de que lhes venho falando), prostrando todos os que lá residiam. A rogativa era clara:

> — *Passam-se fatos verdadeiramente desorientadores, deixando perplexos os amigos da casa. Desde a morte do pobre* ***Leonel****, verificada, como sabes, por um suicídio em tão trágicas condições, a família inteira sente ímpetos para o suicídio. Não ignoras que sua filha* ***Alcina*** *suicidou-se também, dez meses depois dele próprio. Agora é seu filho* ***Orlando*** *que deseja morrer, havendo já tentado algumas vezes o ato terrível! Vivem todos a chorar, desesperados, sem ânimo para a continuação da existência. Somente a viúva de Leonel consegue algo de estimulante para se impor à situação, que é a mais anormal possível.*

O dr. Bezerra cientificou-se do conteúdo da missiva sem muita surpresa, pois, antes mesmo do início de seu expediente ao lado dos dedicados componentes da equipe, fora ele procurado por uma Entidade Espiritual de nome **Ester**, *"formosa e redimida"*, cujo aspecto angelical, consoante acentua o nobre servidor das Forças Celestes,

— atraía veneração de quantos se lhe aproximassem, a qual me asseverara haver inspirado a carta a quem a escreveu, assim provocando o trabalho que faríamos, visto estar ligada aos obsessores de Leonel e a este próprio por laços espirituais seculares, e que, agora, apresentara-se o momento oportuno de agir em socorro da falange litigante.

SUICÍDIO: AÇÃO SOLERTE DO "LOBO INVISÍVEL"

Diante do exposto, o dr. Bezerra de Menezes submeteu o aparelho mediúnico a um transe espiritual, a fim de mantê-lo vibracionalmente ligado a ele, e, reunindo um pugilo de aplicados colaboradores do Espaço, seguiu para o endereço a fim de realizarem indispensável exame da situação. Difícil, contudo, foi àquela bendita falange suportar a densa e asfixiante vibração do recinto. O clima obsessor ("lobo invisível"), que estendia seus dardos maléficos ao redor do lar atingido, tornou impossível a entrada de todos. O venerando médico destacou, então, dois assistentes:

— Eu levara (...), em nossa comitiva, um indígena brasileiro da raça Tamoio, Espírito hábil, honesto e obediente, que voluntariamente se associara à nossa falange, desejando servir ao Bem, e mais o nosso assistente Roberto, a quem eu muito amava e em quem confiava plenamente.

Ambos ali adentraram, **sacrificando a própria harmonia vibratória**, com o intuito de se inteirar minuciosamente do que de fato se passava. De retorno ao Posto Mediúnico, Roberto, por meio de irradiações mentais, informou:

> — ***Trata-se de um caso de obsessão*** *coletiva simples, meu caro Irmão...,* ***carente de intervenção imediata*** *de socorro espiritual, a fim de que se evitem outros suicídios na família... São, quase todos os membros dessa numerosa família, constituída do velho casal e dez filhos menores, portadores de faculdades mediúnicas ignoradas...* ***Não cultivam o estudo edificante*** *para o saneamento mental,* ***nem a meditação sobre assuntos elevados do Espírito****, e* ***tampouco a prece****..., tornando-se, por isso mesmo, campo raso para os assédios das trevas...*
>
> (Os destaques são meus.)

Vejam, minhas Amigas e meus Irmãos, minhas Irmãs e meus Amigos, o desespero que se abateu sobre aquela casa, cujos membros eram desprovidos de toda sorte de proteção contra as investidas dos vorazes "lobos invisíveis" (obsessores), em decorrência da própria invigilância do grupo carmicamente ali reunido. Conforme relata o Espírito Roberto, o chefe daquele núcleo familiar, de nome Leonel, matara-se, sendo seguido pela filha primogênita. Tendo apenas 20 anos, a pobre jovem copiou-lhe o ato meses depois. Também, sob o assédio dos "lobos invisíveis", outro integrante da desgraçada família, de somente 15 anos, tentou pôr fim à própria vida, sendo impedido de executar o ato infame por agilíssimos amigos que o salvaram.

AS GRAVES CONSEQUÊNCIAS DOS DIVERSOS TIPOS DE SUICÍDIO

Ninguém está livre desse tipo de influenciação, a qual, mesmo quando não se revela num gesto tão extremado como esse (visto no subtítulo anterior), encerra consequências que podem configurar verdadeiro suicídio em vida.

Quantas empresas, por exemplo, são levadas à "morte", ou seja, à falência? Quantos casais estão em conflito, arrastando em seu bojo a felicidade dos filhos? Quantos se entregam à "morte" pelos vícios da bebida, do cigarro, das drogas, que enfermam e destroem nosso veículo físico e distorcem a Alma? E as chagas do ódio, da violência doméstica, do feminicídio, da pedofilia, da efebofilia, dos estupros...? Quantos são drasticamente atingidos, arrancados do mundo por essas barbáries? E as guerras, o desmantelamento econômico de países, os conflitos étnicos de toda sorte?... E a hipnose coletiva que, pelo planeta, enceguece governantes e governados? Todos são Espíritos na carne; portanto, completamente suscetíveis de sofrer o magnetismo inferior desses "invasores de Almas". **Contudo, em medida ainda mais vigorosa, qualquer pessoa é capaz de se tornar instrumento benfazejo sob os cuidados das Falanges Divinas. Todos somos médiuns, conforme nos revela Allan Kardec. E poder nenhum é maior que o de Deus.**

Reitero a importância da leitura de "Quanto à Abrangência do Templo da Boa Vontade"[4] e "O equilíbrio como objetivo"[5], páginas nas quais esclareço que **o mundo material não mais poderá evoluir sem o auxílio flagrante do Mundo Invisível Superior**.

ÓDIO E VINGANÇA: CONVITES AO "LOBO INVISÍVEL"

Mas, prosseguindo, o sábio autor de *Dramas da obsessão* perguntou a Roberto acerca do que ele chamara *"ação obsessora simples"*, que acometia aqueles médiuns completamente ignorantes da ação solerte de influência perniciosíssima, ao que o assistente redarguiu:

> — *Vimos ambos os suicidas ainda retidos no próprio teatro dos acontecimentos: — Leonel, vagando, desolado e sofredor, a bradar por socorros médicos,*

---

[4] **"Quanto à Abrangência do Templo da Boa Vontade"** — Leia o segundo volume das *Sagradas Diretrizes Espirituais da Religião de Deus, do Cristo e do Espírito Santo* (1990), de autoria de Paiva Netto.

[5] **"O equilíbrio como objetivo"** — *Vide* o livro *Somos todos Profetas* (1991), do mesmo autor, e também o *blog* PaivaNetto.com.

traindo nas próprias repercussões vibratórias o gênero da morte escolhida sob pressões invisíveis... e Alcina, a filha, com o perispírito ainda em colapso, desmaiada sob o choque violento do ato praticado... Distinguimos também os obsessores...

Voltou o dr. Bezerra a interpelá-lo sobre estes últimos, vítimas num passado distante, mas agora transformados em "lobos invisíveis". O intuito do nobre médico é o de que todos os que tomarem conhecimento de tais revelações aprendam, por fim, a defender-se:

> — *E como se apresentam estes?... Odientos, vingativos?... Sofredores, que destilam o vírus mental e vibratório contundente, sem saberem o que fazem?... Afeiçoados às vítimas por simples afinidades de caráter, ou índole?...* ***pois sabemos que até mesmo um sentimento de amor — ou paixão — mal orientado ocasionará desastres como esses...***
>
> (O destaque é meu.)

(Atenção, Irmãs e Irmãos de todos os setores da Terra e moças e moços de todas as idades! Esse importante alertamento deve ser absorvido por nós. Não sejamos distraídos! Perdida a boa oportunidade outorgada pelo Poder de Deus, a vez de reconquistá-la fica mais difícil. Não convém provocar o sofrimento.)

Retomando a construtiva conversação entre o amigo Roberto e o dr. Bezerra de Menezes, o dedicado assistente, que já conhecemos, explicou vivamente:

> — *Não, senhor! (...) Trata-se de algo ainda mais doloroso! São ódios, vinganças pessoais de um passado que se me afigura intensamente dramático!*

O dr. Bezerra, com a velocidade de seu elevado tirocínio espiritual, rapidamente enxergou

> — *ser gravíssima a situação de encarnados e desencarnados enleados em tão incomodativas teias, situação que bradaria por intervenção enérgica e imediata.*

COMO IMPEDIR A AÇÃO DO "LOBO INVISÍVEL"

Eis aí, meus Irmãos e minhas Irmãs, que drama enfrentam, muitas vezes, **nossos Anjos Guardiães** a fim de nos livrar de funestas ambiências, que acabamos atraindo para dentro de nossos lares, de nossas empresas, de nossas igrejas, de nossas comunidades, de nossos países! No entanto, alguém pode dizer:

> — *Mas, Irmão Paiva, eu tento, eu luto; contudo, não consigo afastar esses obsessores espirituais de meu caminho. No ambiente da minha empresa, pelas*

ruas, em minha casa, nas dos meus entes queridos, eles sempre estão lá, ou acolá, me atormentando, fazendo com que minha competência no trabalho seja abalada; minha felicidade, minha saúde, minha paz sejam postas abaixo. Já não tenho forças...

Tem forças, sim!!! Quem lhe disse que não? Afaste de si as sugestões de fraqueza, justamente, do aqui ultradenunciado "lobo malfeitor espiritual". E ore por ele, de maneira que a prece fervorosa toque os recônditos de sua alma, tornando-o, pela transformação do caráter, um bom sujeito. Rogue pelo apoio de seu Anjo da Guarda, ou Espírito Guia, ou Nume Tutelar — seja qual for a maneira que você denomine esses Benfeitores (ainda) Invisíveis.

Se algum desavisado lhe sugerir maldosamente que não há como converter um "lobo" em benfeitor, lembre-se do comovente exemplo do lobo de Gúbio, na construtiva história de São Francisco de Assis, Patrono da Legião da Boa Vontade, que leremos no próximo capítulo.

São Francisco de Assis e o lobo de Gúbio I 1921 I M. Boutet de Monvel (1850-1913) I Ilustração do livro *A Vida de São Francisco de Assis*

O LOBO DE GÚBIO

Conta-nos o livro *I Fioretti*, de Francisco de Assis, que, ao tempo em que o respeitado taumaturgo vivia em Gúbio, um lobo grande e feroz, devorador de bichos e de pessoas, despertava imenso pavor em todos os moradores. Por compaixão, o Santo de Assis, embora muitos o desaconselhassem, de maneira decidida, procura o animal e, ao encontrá-lo, ordena:

> — *Vem aqui, frei lobo! Eu te mando da parte de Cristo que não faças mal nem a mim nem a ninguém.*

De imediato, o terrível carniceiro fecha sua mandíbula e cessa sua agitação. Obediente, seguiria as determinações daquele que lhe refreara os instintos assassinos. Após relatar ao canídeo os tremendos malefícios que causara, o bendito interventor propôs o estabelecimento da paz entre a fera convertida e os habitantes de Gúbio:

> — *Ouvi, meus Irmãos: frei lobo, que está aqui na frente de vós, me prometeu e jurou que vai*

> *fazer as pazes convosco e que não vai mais vos ofender em coisa alguma, e vós prometeis dar-lhe cada dia as coisas necessárias, e eu entro como fiador dele.*

Selado o pacto, ambas as partes cumpririam o prometido, e o lobo, agora bom, perpetuaria a memória viva daquele milagre empreendido pelo mais célebre filho de Assis:

> — *Depois o lobo viveu dois anos em Gúbio e entrava domesticamente pelas casas, de porta em porta, sem fazer mal a ninguém, e sem que o fizessem para ele. E foi alimentado cortesmente pelo povo. E mesmo andando assim pela terra e pelas casas, nunca um cão ladrava atrás dele.*

NOSSA SEGURANÇA INFALÍVEL

Jesus, o Provedor Celeste, nossa Segurança Infalível, já nos brindou com o segredo da proteção e da fartura espiritual e material, tantas vezes recomendado pelo saudoso Alziro Zarur e batizado por ele como "A Fórmula Urgentíssima de Jesus". Por se tratar de Economia no mais alto sentido espiritual, costumo chamá-la de **A Fórmula Econômica do Cristo**:

— *Buscai primeiramente o Reino de Deus e Sua Justiça, e todas as coisas materiais vos serão acrescentadas* (Evangelho do Cristo, segundo Mateus, 6:33).

O que mais quereremos, senão cumprir o divino mandato de nossa agenda espiritual, prometida por nós mesmos quando da descida ao plano terrestre?

Em *O Livro dos Espíritos*, de Allan Kardec, encontramos este sério alertamento nas respostas às perguntas 467 e 468, na parte 2, capítulo 9º, ***"Da intervenção dos Espíritos no mundo corporal"***:

467. Pode o homem eximir-se da influência dos Espíritos que procuram arrastá-lo ao mal?

—"Pode, visto que tais Espíritos ***só se apegam aos que, pelos seus desejos, os chamam, ou aos que, pelos seus pensamentos, os atraem****."*

468. Renunciam às suas tentativas os Espíritos cuja influência a vontade do homem repele?

— "Que querias que fizessem? Quando nada conseguem, abandonam o campo. ***Entretanto, ficam à espreita de um momento propício****, como o gato que tocaia o rato."*

(Os destaques são meus.)

Lembrai-vos, pois, da lição do Mestre na parábola evangélica acerca da expulsão de espíritos impuros que retornam trazendo mais sete piores que eles, tema já tratado neste livro[6].

APELE PARA OS BONS ESPÍRITOS

Afaste de si as sugestões de fraqueza, justamente, do aqui ultradenunciado "lobo malfeitor espiritual". E ore por ele, de maneira que a prece fervorosa toque os recônditos de sua alma, tornando-o, pela transformação do caráter, um bom sujeito. Rogue pelo apoio de seu Anjo da Guarda, ou Espírito Guia, ou Nume Tutelar — seja qual for a maneira que você denomine esses Benfeitores (ainda) Invisíveis.

[6] *Vide* o capítulo "O que é o 'lobo invisível'?" e o subtítulo "Porta aberta".

VISÃO GEOANTROPOCÊNTRICA DO PENSAMENTO

Da nova edição de minha obra *Cidadania do Espírito*, destaco um tema que é muito apropriado a este nosso estudo. Nele, afirmo — e não se espantem: **O conhecimento humano não deve escravizar as Almas**.

Alguns pensadores, embora tenham abandonado a perspectiva que **Ptolomeu** (90-168) possuía a respeito da Terra e do Sol — a de que tudo girava ao redor de nosso planeta (geocentrismo) —, lá no fundo, ainda assim academicamente raciocinam. Cultivam uma visão geoantropocêntrica em suas observações, submetendo os próprios juízos à distorcida imagem de uma ciência que, apesar de percorrer longuíssimas distâncias, no bojo de bólidos[7] e mais bólidos de ultravelocidade, ideologicamente orbita em torno do globo terrestre; de uma filosofia cujo eixo gravitacional é o orbe que habitamos; de uma limitada espiritualidade geoestacionária etc. Não creem, hoje em dia, no errô-

Ptolomeu

[7] **Bólidos** — Conforme registra o *Dicionário Houaiss*, **bólido** também significa *"qualquer corpo celeste cujo deslocamento se dá em grande velocidade"*.

neo sistema astronômico do pensador grego, mas agem, falam, escrevem como se tudo estivesse restrito à nossa área **ou à visão material do Universo**.

Escrevi na *Folha de S.Paulo*, na década de 1980, que isso nada mais constitui do que **um sistema egocêntrico: o ser humano a pretender que tudo evolua em torno do seu ego**. Quanta presunção!

Porém, já há muitos que se referem a novos universos, por meio do estudo da mecânica quântica e relativística. E mais: pelo menos alguns, por exemplo, já têm intuído a existência de outros **Cosmos**, os **espirituais**, revelados pela **Ciência além da ciência**.

Precisamos ter a compreensão de que, **mesmo estando na Terra, vivemos a Vida Eterna**. Aonde você vai, meu Irmão, minha Irmã, meu jovem, minha jovem, durante o sono? Há regiões sublimes ainda não alcançáveis a Espíritos de poucas luzes. Quando chegar a hora, as portas lhes serão abertas. **Ninguém jamais deve forçar a sua entrada** pelo aparente, porém **desastroso, "atalho" do suicídio**, pois **as consequências são gravíssimas**: conduz a Alma a territórios espirituais asfixiantes, umbralinos, trevosos. **A Lei de Deus tem que ser respeitada.**

Muitas vezes, o indivíduo, quando infringe as leis humanas, fica aparentemente impune. E coisas dessa natureza têm sido a desgraça das nações. Entretanto, não se iludam: no Mundo Espiritual, ou ainda mesmo na matéria, o sujeito é apanhado pela Lei de Deus. Diante dos sublimes mecanismos do Cosmos, não há brechas para o não cumprimento da Lei Divina. O que pode existir, isso sim, é um acréscimo de misericórdia de que nos fala Jesus. Mas o certo é que não há impunidade ao infrator em nenhum ponto do Universo.

SABEDORIA ACIMA DA ERUDIÇÃO HUMANA

Descartes

Pascal

Por isso, repito: **o conhecimento humano não deve escravizar as Almas**, que não são formadas na Terra, todavia no Plano Espiritual. **Existe uma Sabedoria acima da erudição terrena.** É conveniente aliá-las, para conseguir o equilíbrio que enobrece o raciocínio: **Descartes** (1596-1650) e **Pascal** (1623-1662), ou seja, **a Razão e a Intuição**, com a indispensável claridade que promana do Amor Fraterno: **Deus**! Somente assim nos tornaremos aptos a inibir a causa e os efeitos arrasadores da ação perniciosíssima dos "lobos invisíveis", os quais arremetem contra a esplendorosa Ciência e tentam nublar a visão do Espírito de tão notáveis estudiosos. É preciso retirar o **"véu de Ísis"**[8], de forma que enxerguemos as complexas, mas perscrutáveis, regiões etéreas que servem de verdadeiro berço a nós, seres reencarnados, e, por consequência, aos Amigos Amantíssimos que lá habitam e que **ardentemente** desejam beneficiar-nos com sua excelsa proteção.

[8] **"Véu de Ísis"** — Remover o véu da deusa egípcia significa a revelação da Luz, do mistério, dos segredos.

A MISSÃO DOS SETENTA E O "LOBO INVISÍVEL"

– PARTE 7 –

Que ninguém se suicide, pensando que, com esse ato funesto, se livrará da dor que o aflige, pois acordará no Outro Mundo mais vivo do que nunca e com todos os seus problemas amplificados. Fugir do sofrimento é cair repetidas vezes nas mãos dele.

Jacó luta com o Anjo | 1694 | Luca Giordano (1634-1705) | Óleo sobre tela | 187 x 145,1 cm | Coleção privada

A ANGÚSTIA DOS ANJOS GUARDIÃES

No Evangelho-Apocalipse de Jesus, somos constantemente exortados pelo Divino Mestre à **vigilância**. Por exemplo, Ele encerra o Seu **Sermão Profético** com esta determinação celeste:

> — *O que digo a vós, em particular, digo-o publicamente a todos:* ***vigiai!***
>
> Jesus (Marcos, 13:37)

Acerca dessa necessidade de nos mantermos de atalaia, enfatizamos uma questão fundamental: os nossos Anjos Guardiães, muitas vezes, querem inspirar-nos, e nós não prestamos atenção às intuições que eles nos dirigem. É ilustrativo o que notamos em trecho extraído do livro *Sexo e Destino*, de autoria do Espírito André Luiz, pela psicografia de Chico Xavier.

Os fatos aqui desenrolam-se em torno de pobre moça que, completamente inebriada de paixão por um jovem disputado por ela e por sua irmã, marca um encontro numa pensão da cidade do Rio de Janeiro. Seu nome, já o mencionamos antes: Marita. Ela fora adotada por abonado casal do bairro do Flamengo. Seu padrasto (Cláudio Nogueira), entorpecido por um desejo lastimável de possuí-la, convence o leviano rapaz (Gilberto) a não comparecer ao encontro, de forma que ele mesmo, ao passar-se pelo jovem no quarto previamente reservado, pudesse consumar o hediondo objetivo.

André Luiz, como um Anjo da Guarda de Marita, procurou em vão, de todas as maneiras, por alguém que captasse o pensamento que remetia ao cérebro de vários familiares, amigos e pessoas ligadas a ela, a fim de protegê-la daquela situação.

Para tentar salvar a desventurada jovem do estupro, observem o esforço desesperado dos que se encontram numa dimensão em que há restrições ao contato entre eles e nós, por causa da mediocridade dos nossos cinco sentidos principais — porque existem outros que ainda descobriremos, como o sexto e depois o sétimo, o oitavo etc.

Chamo a atenção de todos vocês, meus queridos Irmãos, estimadas Irmãs, jovens, pré-adolescentes, crianças, para que não lhes ocorra fato assim tão trágico. Não se pode fechar os canais mediúnicos à intuição do Bem. Daí estarmos sempre vigilantes, espiritual e materialmente falando, a fim de manter os "lobos" (invisíveis ou não) bem distantes. **É imprescindível destacar que apenas nos devemos submeter à influência dos Espíritos de Luz. Só!** De que maneira identificá-la?!

É simples. Os Benfeitores do Espaço tão somente nos inspirarão coisas elevadas. Não vão intuir uma ação prejudicial a quem quer que seja, nem mesmo a nós próprios. Foi Jesus quem nos revelou a chave para distinguir uma presença espiritual boa de uma ruim:

ÁRVORES E SEUS FRUTOS

> 43 *Não existe árvore boa que produza mau fruto; nem árvore má que produza bom fruto.*
> 44 *Pois cada árvore é conhecida pelos seus próprios frutos. Não é possível colher-se figos de espinheiros, nem tampouco uvas de ervas daninhas* (Evangelho, segundo Lucas, 6:43 e 44).

Fiquemos, portanto, atentos!
Prossigamos agora com os relatos de André Luiz:

> *Eu necessitava desdobrar urgentemente medidas de proteção à Marita; entender-me com algum amigo encarnado*[1] [quer dizer, vivente na Terra. *"Somos todos vivos na Terra ou no Espaço"*, como afirma o Irmão X], *alguém em ligação com o grupo; sugerir*

---

[1] **Nota de Paiva Netto**
"entender-me com algum amigo encarnado" — Já afirmei, em minhas palestras no rádio, na TV e na internet, que todos **somos Espírito**. Apenas estamos em dimensão diversa: uns reencarnados; outros, fora da carne, ou desencarnados.

> *providências que evitassem a consumação do projeto* [maléfico]*; criar circunstâncias em que o socorro chegasse em nome do acaso, entretanto...*
>
> *Debalde, girei da pensão alegre* [onde estava o "sedutor", farsante, já à espreita de sua vítima] *ao escritório, do escritório à loja, da loja ao banco, do banco ao apartamento no Flamengo...* [Todos esses eram ambientes comuns aos personagens dessa dramática história verídica.] ***Ninguém estendendo antenas espirituais, com possibilidades de auxílio, ninguém orando, ninguém refletindo...*** *Em todos os lugares, pensamentos entouçados sobre raízes de sexo e finanças, configurando cenas de prazeres e lucros, com receptividade frustrada para qualquer interesse de outro tipo. Até mesmo um dos chefes de Marita, do qual me acerquei, tentando insuflar-lhe a ideia de reter a jovem no serviço, até altas horas da noite, ao sentir-lhe a imagem, na tela mental, transmitida por mim, para início de entendimento* [entre ele, na carne, e André Luiz, no Espaço], *acreditou estar pensando consigo mesmo.*
>
> (O destaque é meu.)

Aqui, uma lição importante: geralmente quando nos pegamos *"falando com nós mesmos"*, pode estar em curso um fenômeno de intercâmbio — alguém no Mundo Espiritual em diálogo conosco, no plano material. Portanto, devemos ter **atenção com o que pensamos**, para que nos encontremos na boa frequência dos Espíritos elevados e não no baixo-astral do "lobo invisível".

Mas vejam o que o comerciante respondeu para "si mesmo": *"Ih! Não, não vou segurá-la no serviço, não; tem a questão do salário..."*. E continua a elucidativa narração de André Luiz:

> [O chefe de Marita, então,] *concentrou-se, de pronto, nas vantagens econômicas, agarrou-se a cifras, encheu a cabeça com parágrafos da legislação trabalhista e expulsou-me a influência, sumariamente, monologando no íntimo: "Essa moça já recebe o suficiente, não lhe darei nem mais um centavo". Não encontrei nenhum outro recurso senão permanecer no casarão* [onde ocorreria o encontro], *de sentinela.*
>
> *Inúteis foram todas as minhas diligências.*

DONA YVONNE: PARTICIPANTES ATIVOS

Yvonne do Amaral Pereira

Em marcante encontro da Religião do Terceiro Milênio, na década de 1990, o generoso Espírito Yvonne do Amaral Pereira[2], pela sensitividade do Cristão do

[2] **Yvonne do Amaral Pereira** (1900-1984) — Trata-se de uma das mais respeitadas médiuns brasileiras e autora de diversos livros psicografados, tendo sido assistida por Entidades de grande elevação espiritual, entre elas o dr. Bezerra de Menezes.

Novo Mandamento Chico Periotto, declarou o seguinte:

> — *Respeitamos o livre-arbítrio de todos. Não somos intrusos. Mas queremos auxiliá-los sempre que possível. Por isso,* ***convoquem-nos****, e aqui estaremos com Boa Vontade, decididos a ajudá-los. E não desejamos comparecer apenas como acompanhantes, porém como* ***participantes ativos****.*
>
> (Os destaques são meus.)

Ou seja, a Humanidade de Cima quer ajudar-nos, e, por vezes, **nós é que impedimos que o amparo venha**. Por isso, é essencial sabermos orar, entrar em Sintonia Tríplice com Jesus, constantemente pedida pelos Irmãos Bezerra de Menezes e Flexa Dourada (Espíritos), nas reuniões do Centro Espiritual Universalista (CEU) da Religião do Terceiro Milênio:

> — *Bom Pensamento, Boa Palavra e Boa Ação.*

Essas são três das Sete Campanhas da Religião de Deus, do Cristo e do Espírito Santo, que abordamos na quinta parte deste livro.

O PERIGO DAS MÁS CONVERSAÇÕES

Uma das mais perigosas maneiras de o ser humano sofrer influência espiritual maléfica é, sem dúvida, **a conversação sem propósito digno**. Por isso, salvaguardemos nossas fronteiras psicoespirituais dessas investidas danosas do "lobo invisível". Jesus, o Divino Mestre, há milênios, instrui sobre os cuidados que devemos cultivar com a Boa Palavra:

> — *Não é o que entra pela boca o que contamina o homem, mas o que sai pela boca. Isso, sim, é o que o contamina.*
>
> (Evangelho, segundo Mateus, 15:11)

Meditem sobre essa advertência do instrutor espiritual **Cornélio**, constante do livro *Obreiros da Vida Eterna*. Notem como é grave a responsabilidade de todos nós na preservação da atmosfera espiritual que nos cerca:

> — *Nas mais respeitáveis instituições do mundo carnal, segundo informes fidedignos das autoridades que*

> *nos regem,* ***a metade do tempo é despendida inutilmente, através de conversações ociosas e inoportunas****. Isso, referindo-nos somente às "mais respeitáveis". Não se precatam nossos Irmãos em humanidade de que* ***o verbo está criando imagens vivas****, que se desenvolvem no terreno mental a que são projetadas,* ***produzindo consequências boas ou más****, segundo a sua origem. Essas formas naturalmente vivem e proliferam e, considerando-se a inferioridade dos desejos e aspirações das criaturas humanas, semelhantes criações temporárias não se destinam senão a serviços destruidores, através de atritos formidáveis, se bem que invisíveis.*
>
> (Os destaques são meus.)

E, inspirado na Primeira Epístola de Paulo Apóstolo aos Coríntios, 15:33, o Espírito Emmanuel, em *Pão Nosso*, obra psicografada por Chico Xavier, dedica um capítulo ao tema. O Guia Espiritual do respeitado médium revela as tenebrosas consequências experimentadas por aqueles que se utilizam da palavra que nada constrói de positivo para si nem para os outros, dando vez ao "lobo invisível", isto é, a um espírito obsessor.

MÁS PALESTRAS

Não vos enganeis: as más conversações corrompem os bons costumes.

(Primeira Epístola de Paulo aos Coríntios, 15:33)

A conversação menos digna deixa sempre o traço da inferioridade por onde passou. *A atmosfera de desconfiança substitui, imediatamente, o clima da serenidade. O veneno de investigações doentias espalha-se com rapidez. Depois da conversação indigna, há sempre menos sinceridade e menor expressão de força fraterna. Em seu berço deplorável, nascem os fantasmas da calúnia que escorregam por entre criaturas santamente intencionadas, tentando a destruição de lares honestos; surgem as preocupações inferiores que espiam de longe, enegrecendo atitudes respeitáveis; emerge a curiosidade criminosa, que comparece onde não é chamada, emitindo opiniões desabridas, induzindo os que a ouvem à mentira e à demência.*

A má conversação corrompe os pensamentos mais dignos. *As palestras proveitosas sofrem-lhe, em todos os lugares, a perseguição implacável, e imprescindível se torna manter-se o homem em guarda contra o seu assédio insistente e destruidor.*

Quando o coração se entregou a Jesus, *é muito fácil controlar os assuntos e eliminar as palavras aviltantes.*

Examina sempre as sugestões verbais que te cercam no caminho diário. Trouxeram-te denúncias, más notícias, futilidades, relatórios malsãos da vida alheia? Observa como ages. Em todas as ocasiões, há recurso para retificares amorosamente, ***porquanto podes renovar todo esse material em Jesus Cristo****.*

(Os destaques são meus.)

A BOA CONVERSAÇÃO E A HUMANIDADE INVISÍVEL

Vem-me à memória uma narrativa que apresentei na série radiofônica "Lições de Vida", na década de 1980, sobre **as três peneiras** que devemos utilizar na hora de expor qualquer assunto a alguém. A primeira peneira é a da **verdade**; a segunda, a da **bondade**; e a terceira, a da **necessidade**. Antes de falarmos algo, precisamos nos certificar de que as nossas palavras passem por esses filtros. Caso contrário, é melhor nem as proferirmos.

Na *Antologia da Boa Vontade* (1955), encontramos o poema "Não julgues!", de autoria de **João Tomaz**, do qual destacamos oportuna estrofe:

Mas se queres tua paz
e a paz dos outros também
atende a este conselho:
— Não fales mal de ninguém.

Definitivamente, o "lobo invisível" e seus acólitos precisam aprender mais esses ensinamentos para que alcancem real ventura. E essa é justamente a lição que fui buscar em minha obra *Jesus, Zarur, Kardec e Roustaing na Quarta Revelação* (1984, edição esgotada), por estas palavras do notável Emmanuel:

— Uma simples conversação sobre o Evangelho de Jesus pode beneficiar vasta fileira de ouvintes invisíveis.

Acerca do indispensável papel a ser protagonizado pelas famílias, afiança o Espírito André Luiz, em seu livro *Desobsessão*, pela psicografia de Chico Xavier e Waldo Vieira (1932-2015):

— O culto do Evangelho no abrigo doméstico equivale a lâmpada acesa para todos os imperativos do apoio e do esclarecimento espiritual.

Como assegurava o saudoso Alziro Zarur,

— A invocação do nome de Deus, feita com o coração cheio de sinceridade, atrai o amparo dos Espíritos Superiores.

A MISSÃO DOS SETENTA E O "LOBO INVISÍVEL"

– PARTE 8 –

Ao avisar-nos, na Sua Boa Nova, da gravidade de nossa luta neste mundo, o Amigo Celeste não o faz para que fiquemos apavorados, diminuídos em nosso valor de Seus discípulos, com medo dos "lobos". Ele o faz à guisa de forte advertência. Do contrário, não seria Jesus, que labuta sempre para fortalecer os Seus seguidores diante dos desafios íntimos e externos.

O Cristo, o vencedor da besta e do falso profeta | 1990 | Sátyro Marques | Óleo sobre tela | 100 x 100 cm | Acervo da Galeria de Arte do Templo da Boa Vontade, Brasília, Brasil

JESUS NÃO NOS MANDA À DERROTA

Prosseguindo com o nosso prazeroso peregrinar pelos ensinamentos do Divino Professor Jesus, constantes do Seu Evangelho, segundo Lucas, 10:1 a 24, aproveito a oportunidade para registrar, mais uma vez, a minha satisfação ao notar que estes escritos, publicados em série na revista JESUS ESTÁ CHEGANDO!, estão sendo estudados e debatidos pela Juventude Ecumênica da Religião de Deus, do Cristo e do Espírito Santo. Enfatizo, porém, que, para mim, **jovem é aquele que não perdeu o ideal — o Ideal do Bem, é lógico**. Eu mesmo me sinto moço, com igual ímpeto de quando abracei, com apenas 15 anos de idade, na reencarnação presente, em 29 de junho de 1956, Dia de São Pedro e São Paulo, os desígnios sagrados desta Obra de Deus na Terra.

Após nos debruçarmos sobre múltiplas facetas do "lobo invisível" e seus desdobramentos, sigamos no nosso estudo, versículo a versículo, dessa extraordinária passagem. Ela motiva as nossas almas no compromisso de testemunhar o Mestre Sublime e, revestidos de Sua Autoridade, derrotar o espírito obsessor.

Pergunto-lhes: Ele, por acaso, mandou o grupo dos setenta à derrota? Não! Tanto que voltaram maravilhados com o que fizeram e viram. Assim é que temos de nos portar perante nossas realizações. Firmadas em quem?! No **Cristo de Deus**, que **é a nossa estrutura, nossa estratégia, nossa tática, nossa reflexão social, administrativa e de marketing; enfim, nosso planejamento total**. E, aos simples de coração, Ele próprio definiu:

> — *Eu sou o Caminho, a Verdade e a Vida. Ninguém vem a Deus senão por mim* (Evangelho de Jesus, segundo João, 14:6).

NÃO SEJAMOS COVARDES

Estamos destacando o versículo 3 do capítulo 10 do Evangelho, de acordo com os relatos de Lucas. Reitero que procurem inspiração para a segurança da vida missionária de vocês neste alerta do Divino Pegureiro:

> — *Ide! Eis que vos envio como cordeiros para o meio de lobos.*

Com essas palavras, ao avisar-nos, na Sua Boa Nova, da gravidade de nossa luta neste mundo, o Amigo Celeste não o faz para que fiquemos apavorados, diminuídos em nosso valor de Seus discípulos, com medo dos "lobos". Ele o faz à guisa de forte advertência. Do contrário, não seria Jesus, que labuta sempre para fortalecer os Seus seguidores diante dos desafios íntimos e externos.

Eis um alertamento sobre o qual tenho batido tanto nesses últimos anos: o Cristo não nos trata como um bando de covardes. Quando nos admoesta, é para que jamais sejamos assombrados pelos terrores que frequentemente ameaçam este planeta. Convém lembrarmo-nos de que **os Tempos chegaram**! Não foi sem motivo que o saudoso Irmão Alziro Zarur profetizou há muitas décadas, referindo-se a este período de transição apocalíptica:

> — *Nenhum Legionário de Deus será apanhado de surpresa.*

AUTORIDADE DO CRISTO E SUCESSO PESSOAL

Apercebam-se da certeza do Rei dos reis sobre a exalçada Autoridade que Lhe foi concedida por Deus — um **Poder Superior, que a Ciência, um dia, vai desvendar para o bem da Religião, porque ninguém pode temer a Verdade**. Isso é exercer a Política de Deus, a política dos não mentirosos. Significa, portanto, dizer que, se Jesus nos manda agir de tal modo, agir até mesmo no meio de "lobos", assim devemos fazer, pois **Ele é o fiador de nosso sucesso**, se realmente O respeitarmos.

Ocorre também que Ele nos confere a seguinte exortação:

— *Sede simples como as pombas, mas prudentes como as serpentes.*

Jesus (Mateus, 10:16)

AVALISTA INFALÍVEL

Não leveis bolsa, nem alforje, nem sandálias; e a ninguém saudeis pelo caminho.

Jesus (Lucas, 10:4)

Ora, o Ser que nos antecipa o fato de que nos envia *"como cordeiros para o meio de lobos"* igualmente demonstra o Poder de que dispõe sobre nós, quando, **logo em seguida**, no versículo 4, afiança que podemos ir em frente sem levar *"bolsa, e nem alforje, e nem sandálias"*, visto que **Ele é o nosso avalista.** Diante disso, repetimos: Por que temer os "lobos" do mundo, desde que estejamos verdadeiramente integrados Nele, Jesus, o Cordeiro de Deus? Contudo, percebam que **o Estratego Supremo, embora não pregue a covardia, aconselha-nos a manter a sobriedade, a ser prudentes e simples, a valer-nos do momento propício e a desenvolver a competência para tomar decisões e suplantar dilemas.**

NÃO ABRIGAR EXPECTATIVAS DESNECESSÁRIAS

Nas minhas prédicas na Mídia da Boa Vontade[1], explico que, quando o Mestre dos mestres determina *"Não leveis bolsa, nem alforje, nem sandálias"*, é como se Jesus afirmasse: Não vos preocupeis em demasia com as coisas que vos parecem tão importantes, mas que são primárias perto da Luz que Eu quis trazer a **Nicodemos**. E, ele, sendo príncipe entre os seus, não estava capacitado a entender ainda. Entretanto, vós estais! Levando a sério o conhecimento espiritual do qual sou emissário, nada vos faltará.

Evidentemente, o Celeste Pastor não está nos incentivando a negligenciar as providências terrenas ou a abandonar os cuidados com o corpo. Essa interpretação errônea não condiz com as lições fraternas do Rabi da Galileia. O que o Cristo Ecumênico, o Divino Estadista, ressalta, acima de tudo, **é a necessidade da Fé imbatível no Pai, no Filho e no Espírito Santo**; é que **não nos devemos perturbar com as carências físicas, se perseverarmos na Seara Dele**, porque Ele próprio nos ensina que, **se buscarmos, em primeiro lugar, o Reino de Deus e Sua Justiça, todos os assuntos materiais nos serão supridos** (Evangelho

[1] **Mídia da Boa Vontade** — Formada pela Boa Vontade TV, pela Super Rede Boa Vontade de Rádio, pelo portal Boa Vontade (www.boavontade.com), pelas revistas BOA VONTADE e JESUS ESTÁ CHEGANDO! e pelo aplicativo Boa Vontade *Play*, além de diversas publicações informativas e doutrinárias. Veja a relação de emissoras ao final do livro.

de Jesus, segundo Mateus, 6:33). E completa na Boa Nova, consoante Lucas, 12:30:

— *O Pai sabe que precisais de todas essas coisas.*

A MESSE DO CRIADOR

Esta é a messe, ou seja, a colheita, do Criador: a da realização feliz, mesmo diante dos maiores desafios. Ao se doar à Seara de Deus sem temor, você não estará fazendo algo apenas para si; todavia, para a coletividade. Por consequência, acabará sendo beneficiado, pois terá agido generosamente, e a Sociedade Solidária Altruística Ecumênica é para todos. Mas não se torne ambicioso, porque senão a sua trajetória será curta — nem que viva cem anos. A consciência, que é o grande tribunal, diariamente lhe pedirá contas. Onde estará, então, a sua Paz?

É oportuno ainda mencionar o que escreveu Paulo Apóstolo na sua Epístola aos Filipenses, 2:3:

— *Nada façais por contenda ou por vanglória, mas por humildade; cada um considere os outros superiores a si mesmo.*

Quanto ao mérito das atitudes que favorecem a comunidade, René Descartes, o pai do Racionalismo, vem ao encontro de nosso pensamento ao assegurar que

> — *não ser útil a ninguém equivale a nada valer.*

ADENDO

JESUS, NICODEMOS E A INDESMENTÍVEL ETERNIDADE DA VIDA

Do terceiro volume das *Sagradas Diretrizes Espirituais da Religião de Deus, do Cristo e do Espírito Santo* (1991), apresento resumo do marcante colóquio entre Jesus e Nicodemos:

João Evangelista relata, no capítulo terceiro de seus registros evangélicos, o fato de que, certa feita, na calada da noite, Nicodemos foi visitar o Sublime Professor à procura de conhecimento espiritual. E se estabeleceu um dos mais famosos diálogos da História, pois o fariseu, um dos maiores de Israel, reconheceu em Jesus autoridade, ao dizer-Lhe:

> — *Rabi, sabemos que és Mestre vindo da parte de Deus; porque ninguém pode realizar estes sinais que Tu fazes, se Deus não estiver com ele.*
>
> (João, 3:2)

E as lições do Cristo subiram a tal patamar, que Nicodemos, deslumbrado, Lhe perguntou:

— *Como podem suceder estas coisas?*

(João, 3:9)

Ao que Jesus acudiu:

— *Tu és mestre em Israel e não compreendeis estas coisas? Em verdade, em verdade te digo que nós afirmamos o que sabemos e testificamos o que temos visto; contudo, não aceitais o nosso testemunho. Se, tratando de coisas terrenas, não me acreditais, como crereis, se vos falar das celestiais?*

(João, 3:10 a 12)

Infelizmente, algumas religiões têm falhado na preparação dos seus fiéis para as surpresas que os aguardam ao retornarem para o Plano Espiritual. Sim, como dizia Zarur, e é importante repetir:

— *Não há morte em nenhum ponto do Universo.*

É necessário bradar às consciências que a Vida continua, que o Mundo Espiritual não é uma abstração nem um dormitório. À beira do terceiro milênio (o livro citado foi lançado em 1991), o ser humano precisa realmente aprender que

— *Deus não nos criou para nos matar*,

conforme ensinava o ilustre proclamador da Religião Divina, Alziro Zarur.

E a ignorância das coisas que interessam ao Espírito, a parte eterna de todo ser vivente, incrédulo ou não, atrapalha enormemente o seu progresso espiritual.

Nicodemos visita Jesus | 1880 | John La Farge (1835-1910) | Óleo sobre tela | 107,2 x 89,1 cm | Museu de Arte Americana Smithsonian, Washington, EUA

FOCO NO COMPROMISSO COM O BEM

NÃO VOS DISTRAIAIS

(...) e a ninguém saudeis pelo caminho.
Jesus (Lucas, 10:4)

Acaso Jesus nos está forçando a ser mal-educados ao ordenar que não saudemos ninguém enquanto partimos para realizar o nosso trabalho? É claro que não! O Divino Mestre está falando o seguinte: Não vos **distraiais** pelo caminho. É isso: não se esquecer da promessa solenemente feita a Ele, tarefa da qual depende a existência de muita gente. Costumo dizer, e vale reforçar, que, nas Instituições da Boa Vontade (IBVs), **valentia é assumir um compromisso com o Bem e levá-lo honrosamente até o fim**. Conforme ressalto no primeiro volume das *Sagradas Diretrizes Espirituais da Religião de Deus, do Cristo e do Espírito Santo* (1987), por mais difícil que pareça ser uma incumbência, temos de cumpri-la, com todo o brio, sem desanimar, com os olhos fitos no Cristo de Deus.

PAZ PARA O LAR

E, em qualquer casa onde entrardes, dizei antes de tudo: Paz seja nesta casa!
Jesus (Lucas, 10:5)

O Sublime Pedagogo, com clareza, orienta-nos de que modo precisamos agir ao ingressar num ambiente, pois, antes de tudo, assim devemos saudar os seus moradores: ***Paz seja nesta casa!*** Por consequência, em virtude da Lei da Afinidade, os Espíritos de Luz que ali estiverem vão a todos fortalecer, de forma que não falhemos na missão de que Jesus nos incumbiu.

EDUCAÇÃO DIVINA

E, se houver ali algum filho da Paz, repousará sobre ele a vossa paz; se não houver, a paz voltará para vós.
Jesus (Lucas, 10:6)

Quer dizer, não vamos nada espiritualmente perder. Agora, se a moradia encontrar-se cheia de obsessores ("lobos invisíveis"), possivelmente as pessoas que ali vivem não quererão conversa, mas, depois de cumprida a nossa parte, que é a de semear, os Espíritos Superiores, que são mais poderosos, saberão o que fazer. Mantendo-se a ligação com a Humanidade de Cima a serviço de Deus, não haverá dificuldade que não venha a ser superada, mesmo que numa vida posterior, porquanto a Lei Divina da Reencarnação é uma realidade[2].

Jesus, Ele pessoalmente, comparecerá, na hora aprazada por Deus, como Educador, pois, no Evangelho, segundo João, 6:37 a 39, revela:

> 37 *Todo aquele que o Pai me confiou virá a mim; e o que vem a mim, de modo nenhum o lançarei fora.*
> 38 *Porque Eu desci do Céu, não para fazer a minha própria vontade, e sim a vontade Daquele que me enviou.*
> 39 *E a vontade de Quem me enviou é esta: que nenhum se perca de todos os que Ele me entregou; pelo contrário, Eu o ressuscitarei no último dia.*

ADVERTÊNCIA AOS EXPLORADORES

Voltando ao Evangelho do Cristo, segundo Lucas, 10:7, podemos ler:

> — *Permanecei na mesma casa que vos houver recebido, comendo e bebendo do que eles tiverem, pois digno é o trabalhador do seu salário. Não andeis de casa em casa.*

---

[2] Leia sobre o assunto na coleção *Sagradas Diretrizes Espirituais da Religião de Deus, do Cristo e do Espírito Santo*, em especial o volume 1 (1987), no subtítulo "Paulo Apóstolo e Reencarnação", constante do capítulo "Quanto à sua Fonte Inspiradora: Jesus, o Cristo Ecumênico, o Divino Estadista".

Mas não é para explorar ninguém. É essencial destacar isso, uma vez que pode aparecer algum mal-intencionado considerando: "Oba! A pretexto de pregar o Evangelho e o Apocalipse, vou encher o pandulho. Vou aproveitar-me daqueles ingênuos!"

Aos que torpemente assim pensarem e agirem, apresento-lhes esta firme repreensão do Senhor:

> 34 *Raça de víboras, como podeis falar coisas boas, sendo maus? Porque fala a boca do que está cheio o coração.*
> 35 *O homem bom do bom tesouro tira o bem; e o mau do mau tesouro tira o mal.*
> 36 *Digo-vos que de toda palavra frívola que proferirem os homens, dela darão conta no Dia do Juízo;*
> 37 *porque, pelas tuas palavras, serás justificado e, pelas tuas palavras, serás condenado.*
>
> Jesus (Mateus, 12:34 a 37)

Falo a homens, mulheres, jovens, crianças e Espíritos dignos. Sim, porque eles, os Espíritos, as Almas, do mesmo modo se aproximam para nos ouvir quando estamos em comunhão com Deus, conversando sobre a Boa Nova de Jesus. E Ele próprio diz:

> — *Onde houver dois ou mais reunidos em meu nome, aí estarei no meio deles* (Evangelho, segundo Mateus, 18:20).

LEI DA AFINIDADE

O Sublime Pedagogo, com clareza, orienta-nos de que modo precisamos agir ao ingressar num ambiente, pois, antes de tudo, assim devemos saudar os seus moradores: *Paz seja nesta casa!* Por consequência, em virtude da Lei da Afinidade, os Espíritos de Luz que ali estiverem vão a todos fortalecer, de forma que não falhemos na missão de que Jesus nos incumbiu.

O milagre do maná | c. 1577 | Tintoretto (1518-1594) | Óleo sobre tela | 550 x 520 cm | Grande Escola de São Roque, Veneza, Itália

REVOLUÇÃO DOS COSTUMES NO MUNDO ESPIRITUAL

Tendo em vista que citamos os moradores da Pátria da Verdade[3], ressalto que existe uma forma de alimentação peculiar para os que se encontram no Mundo Invisível. Por exemplo, os desencarnados, quando ainda bastante presos à matéria, muita vez se abastecem inalando princípios vitais dos seres humanos, que, em geral, ignoram que **há vida após a Vida**, ficando, desse modo, expostos a um covarde e perverso tipo de vampirismo, levado a cabo pelos "lobos invisíveis". Tal fenômeno simbiótico também ocorre com Espíritos que, mesmo não sendo perversos, prosseguem presos aos velhos costumes da matéria, atrasando o seu próprio progresso na nova condição incorpórea.

É o que deixa em evidência o dr. André Luiz, Espírito, em sua coleção literária — que veio à luz por meio da mediunidade de Francisco Cândido Xavier —, no tocante às criaturas terrenas que atraem para seu convívio entidades inferiores. Estas se aproveitam dos seres

---

[3] **Pátria da Verdade** — O mesmo que Mundo Espiritual, Mundo Invisível.

humanos a fim de continuar vivenciando as sensações da carne, sentindo os aparentes prazeres das comidas fortes, do fumo, das bebidas alcoólicas, o que constitui uma tremenda infelicidade, aspecto a ser cruelmente demonstrado pelo tempo.

Daí a auspiciosa providência dos lares terrestres ao integrarem-se no culto do Evangelho-Apocalipse do Divino Professor, em Espírito e Verdade, à luz do Mandamento Novo. Dessa maneira, atraem para si as **Almas evoluídas, os Espíritos do Bem**. Assim procedem os Cristãos do Novo Mandamento, **Amigos de Jesus**, durante as Cruzadas da Religião de Deus, do Cristo e do Espírito Santo no Lar[4].

CARDÁPIO ALIMENTAR DIFERENCIADO

Mas é bom ressaltar que, nas regiões espiritualmente mais elevadas, os seus habitantes adotam um cardápio alimentar diferenciado, porquanto aprenderam a ciência de respirar e de absorver fluidos revitalizantes retirados da atmosfera espiritual-cósmica. E é também o dr. André Luiz quem discorre sobre o assunto, no livro *Nosso Lar*.

---

[4] **Cruzada da Religião de Deus, do Cristo e do Espírito Santo no Lar** — Veiculada, toda segunda-feira, na Super Rede Boa Vontade de Rádio (veja a relação de emissoras no portal www.boavontade.com ou no fim deste livro), a Cruzada do Novo Mandamento de Jesus no Lar é transmitida diretamente da Igreja Familiar nº 1 da Religião de Deus, do Cristo e do Espírito Santo, sob a responsabilidade do casal Paiva Netto, e estendida a todas as Igrejas Familiares da Religião do Amor Universal.

Ele nos revela que ocorreu uma verdadeira rebelião na cidade do Mundo Invisível onde reside, próxima ao Brasil e localizada nas cercanias do orbe terrestre. Essa revolta veio a provocar uma revolução de costumes a certos retardatários que lá se encontravam. É curioso o tema, pois, em razão do fato de alguns Espíritos estarem familiarizados com o modo de nutrição da Terra, era difícil para eles aceitar que não mais precisavam das proteínas e dos carboidratos essenciais à existência na crosta.

O governador-geral daquela comunidade no Espaço comandou, então, um longo, doloroso, perseverante e enérgico processo de ajuste para, enfim, convencer aqueles cidadãos espirituais — ainda apegados aos hábitos humanos — da eficiência do método alimentar mais adequado à Espiritualidade Superior. A evolução é realmente uma lei para todos, sejam homens, sejam mulheres, sejam, em suma, Espíritos.

* * *

ADENDO

NOTICIÁRIO CALUNIOSO

Como estamos discorrendo aqui sobre a vida no Mundo Espiritual e a influência direta que os Espíritos exercem sobre os seres humanos, fui buscar — no capítulo "Quanto à Abrangência do Templo da Boa

Vontade", constante do terceiro volume da coleção *O Brasil e o Apocalipse* (1996) — excelente narrativa do Espírito André Luiz, na qual nos adverte sobre os perigos do negligente intercâmbio com o "lobo invisível" ao se entregar aos vícios do fumo, do álcool, das drogas ou qualquer outro que traga prejuízos ao Espírito e ao corpo físico.

Geralmente, muitos nem sabem o que é a mediunidade; contudo, poderão desenvolvê-la — caso queiram — sob o manto protetor do Cristo, para não se tornar presas fáceis de almas atrasadas e criminosas ("lobos invisíveis"), como na história de um jovem escritor contada por André Luiz, em *Nos Domínios da Mediunidade*.

O ex-médico terrestre, durante excursão espiritual na companhia de **Hilário**, sob a orientação do assistente **Áulus**, relata as observações que fizeram acerca do ambiente de um bar onde beberrões encarnados serviam de instrumento fiel a obsessores do Espaço na execução de seus piores intentos:

> *Áulus relanceou o olhar pelos aposentos reservados mais próximos, qual se já os conhecesse, e, fixando certa porta, convidou-nos a atravessá-la.*
>
> *Seguimo-lo, ombro a ombro.*
>
> *Em mesa lautamente provida com fino conhaque, um rapaz, fumando com volúpia e sob o do-*

mínio de uma entidade digna de compaixão pelo aspecto repelente em que se mostrava, escrevia, escrevia, escrevia...

— Estudemos — recomendou o orientador.

O cérebro do moço embebia-se em substância escura e pastosa que escorria das mãos do triste companheiro [invisível] *que o enlaçava.*

Via-se-lhes a absoluta associação na autoria dos caracteres escritos.

A dupla em trabalho não nos registrou a presença.

— Neste instante — anunciou Áulus, atencioso —, nosso Irmão desconhecido é [sem o imaginar] *hábil médium psicógrafo. Tem as células do pensamento integralmente controladas pelo infeliz cultivador de crueldade sob a nossa vista. Imanta-se-lhe à imaginação e lhe assimila as ideias, atendendo-lhe aos propósitos escusos, através dos princípios da indução magnética, de vez que o rapaz, desejando produzir páginas escabrosas, encontrou quem lhe fortaleça a mente e o ajude nesse mister.*

Imprimindo à voz significativa expressão, ajuntou:

— Encontramos sempre o que procuramos ser.

Finda a breve pausa que nos compeliu à reflexão, Hilário recomeçou:

— Todavia, será ele um médium na acepção real do termo? (...)

— Não. Não está sob qualquer disciplina espiritualizante. É um moço de inteligência vivaz, sem maior experiência da vida, manejado por entidades perturbadoras.

Após inclinar-se alguns momentos sobre os dois, o instrutor elucidou com benevolência:

— Entre as excitações do álcool e do fumo que saboreiam juntos, pretendem provocar uma reportagem perniciosa, envolvendo uma família em duras aflições. Houve um homicídio, a cuja margem aparece a influência de certa jovem, aliada às múltiplas causas em que se formou o deplorável acontecimento. O rapaz que observamos, amigo de operoso lidador da imprensa, é de si mesmo dado à malícia e, com a antena mental ligada para os ângulos mais desagradáveis do problema, ao atender um pedido de colaboração do cronista que lhe é companheiro, encontrou, no caso de que hoje se encarrega, o concurso de ferrenho e viciado perseguidor da menina em foco, interessado em exagerar-lhe a participação na ocorrência, com o fim de martelar-lhe a mente apreensiva e arrojá-la aos abusos da mocidade...

— Mas como? — indagou Hilário, espantadiço.

— O jornalista, de posse de comentário calunioso, será o veículo de informações tendenciosas ao público. A moça ver-se-á, de um instante para ou-

tro, exposta às mais desapiedadas apreciações, e decerto se perturbará, sobremaneira, de vez que não se acumpliciou com o mal, na forma em que se lhe define a colaboração no crime. O obsessor, usando calculadamente o rapaz com que se afina, pretende alcançar o noticiário de sensação, para deprimir a vida moral dela e, com isso, amolecer-lhe o caráter, trazendo-a, se possível, ao charco vicioso em que ele jaz.

— E conseguirá? — insistiu meu colega, assombrado.

— Quem sabe?

E, algo triste, o orientador acrescentou:

— Naturalmente a jovem teria escolhido o gênero de provações que atravessa, dispondo-se a lutar, com valor, contra as tentações.

— E se não puder combater com a força precisa?

— Será mais justo dizer "se não quiser", porque a Lei não nos confia problemas de trabalho superiores à nossa capacidade de solução. Assim, pois, caso não delibere guerrear a influência destrutiva, demorar-se-á por muito tempo nas perturbações a que já se encontra ligada em princípio.

— Tudo isso por quê?

A pergunta de Hilário pairou no ar por aflitiva interrogação, todavia Áulus asserenou-nos o ânimo, elucidando:

— Indiscutivelmente, a jovem e o infeliz que a persegue estão unidos um ao outro, desde muito tempo... Terão estado juntos nas regiões inferiores da Vida Espiritual, antes da Reencarnação com que a menina presentemente vem sendo beneficiada. Reencontrando-a na experiência física, de cujas vantagens ainda não partilha, o desventurado companheiro tenta incliná-la, de novo, à desordem emotiva, com o objetivo de explorá-la em atuação vampirizante.

Áulus fez ligeiro intervalo, sorriu melancólico e acentuou:

— Entretanto, falar nisso seria abrir as páginas comoventes de enorme romance, desviando-nos do fim que nos propomos atingir. Detenhamo-nos na mediunidade.

Vejam que, não raro, homens públicos infelizmente cultivam o mau hábito de "resolver" os grandes problemas das nações sob os eflúvios de uma "boa bebida"... Logo, podemos concluir por que temos estado frequentemente tão mal servidos no planeta.

TRAZER AOS LARES A VIBRAÇÃO DO CRISTO

É auspiciosa a providência dos lares terrestres ao integrarem-se no culto do Evangelho-Apocalipse do Divino Professor, em Espírito e Verdade, à luz do Mandamento Novo. Dessa maneira, atraem para si as Almas evoluídas, os Espíritos do Bem. Assim procedem os Cristãos do Novo Mandamento, Amigos de Jesus, durante as Cruzadas da Religião de Deus, do Cristo e do Espírito Santo no Lar.

A MISSÃO DOS SETENTA E O "LOBO INVISÍVEL"

– PARTE 9 –

Mesmo sendo incompreendidos por certa camada da população, os apóstolos e discípulos do Mestre não deixaram de dar o Recado. Aí é que está. Surgiram empecilhos?! Nessas horas é que você mostra o seu talento, a sua perseverança apostólica. Se só quiser facilidade, então, perante Deus, estará em falta grave.

São Pedro consagra Estêvão como um diácono | c. 1447-49 | Fra Angelico (c. 1395 - 1455) | Afresco | 322 x 235 cm | Capela Nicolina, Vaticano

O PRINCÍPIO DA FRATERNIDADE ECUMÊNICA

FORÇA DO CORAÇÃO BEM FORMADO

O princípio da Fraternidade Ecumênica existe em cada um de nós. Ensinou Paulo Apóstolo, na Segunda Epístola aos Coríntios, 6:16, o que aprendeu com Jesus:

— *Vós sois o Templo do Deus vivo.*

Ninguém deve ferir a própria mente alimentando obstáculos doentios, porquanto colheremos a glória de todo o nosso empenho no Bem, recebendo o galardão prometido por Jesus aos perseverantes na Fé.

Alguém pode perguntar:

— *E as lutas?!*

Enfrentemo-las! Virar sedentário moral é muito pior do que fisicamente — o que já é uma desgraça —, pois provoca tanta coisa ruim ao grande corpo coletivo chamado sociedade mundial. Qualquer um neste planeta, por menor que se considere, é peça vital do extenso organismo humanidade. Lembro-me do que constantemente afirmava o saudoso Irmão Alziro Zarur:

> — *Um pequeno nervinho de um dente cariado abala, com sua dor, todo o organismo humano.*

Você quer continuar elegante, minha jovem? Mova-se! Vá socorrer os que sofrem, com a força do seu coração bem formado! Rapaz, deseja guardar a fortaleza dos músculos? Exercite-se no serviço da Caridade, porque tudo que fizer de mal é sobre a sua cabeça que cairá o resultado das suas ações! Isso também serve para vocês, vovôs e vovós.

Quanto ao fato de sobrepujarmos quaisquer dificuldades que surjam no caminho, tenhamos em mente este ensinamento do Cristo:

> — *Se tiverdes fé do tamanho de um grão de mostarda, direis aos montes: — Saiam daqui, lancem-se ao mar, e assim acontecerá. Nada vos será impossível* (Evangelho de Jesus, segundo Mateus, 17:20).

RAZÃO E FASCÍNIO

Retomando a Boa Nova do Cristo, consoante Lucas, 10:7, que começamos a analisar, lemos esta ordem do Mestre dos mestres aos Seus discípulos, que se propuseram a divulgar a Sua Mensagem Fraterna pelos rincões da Terra **e que naturalmente precisariam hospedar-se nas residências daqueles que aderiam ao Santo Evangelho**:

> — *Permanecei no mesmo lugar, comendo e bebendo do que eles tiverem; pois digno é o trabalhador do seu salário.* ***Não andeis de casa em casa.***

Recordo-me de o veterano Legionário da Boa Vontade Achilles de Andrade de Souza aconselhar:

> — *Macaco que pula de galho em galho quer chumbo.*

Ou seja, chumbo espiritual, moral e social.

"Não andeis de casa em casa" simboliza também não ser frugal no raciocínio. Hoje, encara um fato espiritualmente dessa maneira; amanhã, de outra forma...

> — *Ah, mas então não querem que eu evolua?*

Claro que sim! Jesus impulsiona o nosso desenvolvimento. Minha interpretação da advertência do Sublime Professor é para corrigir o comportamento dos chamados "maria vai com as outras". E, nesse caso, a influência malévola tem origem nos "lobos invisíveis", que detestam a vitória do ser humano inclinado à Fraternidade Ecumênica. Aliás, isso me trouxe à lembrança uma página que escrevi aos 18 anos sob o título de "Razão e Fascínio", que retrata bem o meu pensamento a respeito do assunto. Você pode encontrá-la também nas *Sagradas Diretrizes Espirituais da Religião de Deus, do Cristo e do Espírito Santo*, segundo volume (1990):

Zarur costumava dizer, nas suas preleções, que

— *atingir o equilíbrio é a meta suprema.*

E concluía:

— *O Bem nunca será vencido pelo mal.*

Ora, para não ser atingido pelo mal, pecado, frustração ou como queira chamá-lo, o ser humano deve ter Boa Vontade, a de Deus, o que significa dizer: conservar, ao lado de acentuado bom senso, vontade firme. Será, pois, aquele que cultiva o equilíbrio, por pior que seja a tempestade; que sabe aquilo que realmente é, visto que ilumina seu caminho na Verdade (de Deus) e não nega de antemão o que pode existir. Sabe porque sabe, isto é, porque aprende humildemente, sem considerar-se dono da Verdade, pois ninguém o é. Já o falho de ânimo, que se permite arrastar pelos outros, ou pela aparência dos fatos, acredita naquilo em que as pessoas em quem acredita disseram para acreditar... Assim o faz por gostar delas e de certas coisas, às quais se acostumou e crê não poder viver sem... Este é o prisioneiro das convenções, o "maria vai com as outras". Aqui entra o sentimentalismo censurado por **R. H. Blyth**[1] (escritor citado por **José J. Veiga**[2]) como aquilo que *"é dar às coisas mais ternura do que Deus lhes dá"*. Traduzindo em linguagem simples, é ser *"mais realista do que o rei"*.

Resumindo: o primeiro, o de Vontade Boa, guia-se pela razão iluminada por Deus; o segundo, o de vontade negligente e que não conheceu a verdadeira iniciação espiritual, deixa-se dominar por fascínio. É um triste escravo do medo.

(Eis aí: *"Ninguém é dono da Verdade"*, conforme dizia Zarur.)

---

[1] **Reginald Horace Blyth** — (1898-1964).
[2] **José J. Veiga** — (1915-1999).

A Liberdade guiando o povo (detalhe) | 1830 | Eugène Delacroix (1798-1863) | Óleo sobre tela | 260 × 325 cm | Museu do Louvre, Paris, França

VERDADEIRA LIBERTAÇÃO

Vamos, agora, à análise ecumênica das anotações de Lucas, 10:9 a 11, sobre as palavras do Cristo referentes ao fato de irem os discípulos de casa em casa:

> — *Curai os enfermos que nela houver e anunciai-lhes:* ***Está próximo o Reino de Deus!***
>
> Jesus (Lucas, 10:9)

Para muitos Espíritos, o Reino Divino já chegou, pois foram se redimindo durante os tempos, se aprimorando até alcançarem a glória dessa integração suprema em Deus e Suas Benditas Leis de Amor e Justiça. Portanto, que tal apressarmos os passos em caminhada mais forte para o florescimento, na Terra como um todo, do Reino de Deus, **que está próximo**? Tão perto que se acha dentro do próprio ser humano, consoante Jesus revela na Sua Boa Nova, bastando que acessemos e vivenciemos esse ilimitado potencial sublime.

Por isso, não precisamos buscar longe o que intrinsecamente em nós habita. É palmar que gostamos de ir aos lugares onde tudo vibra positividade, em que se ora, ou aos locais com paisagens maravilhosas. É benéfico ao

Espírito, mas não que isso seja inafastavelmente impreterível à nossa emancipação. Libertamo-nos realizando o Bem, de acordo com as Normas Divinas, que **não podem ser interpretadas pelo prisma do ódio, porque *"Deus é Amor"*** (Primeira Epístola de João, 4:8).

Enquanto expresso essas despretensiosas reflexões, alguém pode cogitar:

— *Lá vem ele com essa história de Caridade!*

Com certeza, é a conclusão de quem ignora que a Caridade não se limita ao ato de dar um pão ao pedinte. Por exemplo, a verdadeira Política, quando é exercida em benefício dos povos, **deveria chamar-se Caridade, visto ser uma Estratégia de Deus**[3]. Por sinal, conheço até mesmo céticos que se esforçam por seguir este comportamento: Caridade é uma estratégia de Deus! Por isso, saudamo-los aqui como nossos Irmãos. Ateu também é filho de Deus.

É imperioso reiterar que *"Deus é Amor"*, conforme definiu João Evangelista. **Amor é sinônimo de Caridade.** Paulo Apóstolo ressalta: *"Fé, Esperança, Caridade"*, as três

---

[3] **Caridade: Estratégia de Deus** — Paiva Netto aborda mais amplamente o assunto em suas obras *Sagradas Diretrizes Espirituais da Religião de Deus, do Cristo e do Espírito Santo*, volume 1 (1987), e *É Urgente Reeducar!* (2010) e na série "O Apocalipse de Jesus para os Simples de Coração", da qual fazem parte os títulos *Somos todos Profetas* (1991), *As Profecias sem Mistério* (1998), *Apocalipse sem Medo* (2000), *Jesus, o Profeta Divino* (2011) e *Jesus, a Dor e a origem de Sua Autoridade — O Poder do Cristo em nós* (2014). Essa coleção ultrapassou a expressiva marca de 3 milhões de exemplares. Paiva Netto é *best-seller*, com mais de 7,3 milhões de livros vendidos.

virtudes teologais. *"A mais importante delas"*, destaca, *"é a Caridade"* (Primeira Epístola aos Coríntios, 13:13). Logo, sustenta as demais. Trata-se da sintonia que nos mantém afinados com os objetivos maiores da Criação e afastados e protegidos das investidas do "lobo invisível". Daí o já destacado Natal Permanente da LBV, lançado pelo sempre lembrado Irmão Zarur, sob a invocação *"por um Brasil melhor e por uma humanidade mais feliz!"*

NEM O PÓ DAQUELAS CIDADES INTERESSA ÀS NOSSAS SANDÁLIAS

> [10] *Quando, porém, entrardes numa cidade e não vos receberem, saí pelas ruas e clamai:*
>
> [11] *Até o pó que da vossa cidade se nos pegou aos pés sacudimos sobre vós. Não obstante, sabei que está próximo o Reino de Deus.*
>
> Jesus (Lucas, 10:10 e 11)

Vejam: não é para jogar a sandália no rosto de ninguém. "Sacudir o pó" é um gesto simbólico, pois nem sequer a poeira da ignorância reinante interessa às sandálias dos peregrinos que servem ao Senhor do mundo. **Os servidores do Cristo não têm tempo a perder com discussões estéreis ou promotoras de vaidades.**

"Não obstante, sabei que está próximo o Reino de Deus". Assim, chegamos ao ponto crucial deste capítulo, nesta minuciosa pesquisa que dedicamos a vocês, os simples de coração: recebeu elevada tarefa, **cumpra-a! Não crie dificuldade a seu próprio progresso espiritual e consequentemente material!** E não transfira a culpa de seus fracassos para os outros! Trate de se corrigir e **aprenda a trabalhar em equipe**. Alimentar diferenças pessoais é nutrir a principal causa da ruína de organizações sociais, políticas, religiosas, empresariais, domésticas etc., por todo o mundo.

A respeito do enorme prejuízo que isso provoca, com graves sequelas para o infrator da Lei do Cristo, que determina a união entre os Seus verdadeiros servidores, escreveu o ilustre dr. Bezerra de Menezes, pela psicografia do sensitivo legionário da Boa Vontade de Deus e Cristão do Novo Mandamento Chico Periotto:

VAIDADES E PERSONALISMOS: UMA TRAGÉDIA

São Paulo/SP, 22/7/2006.

Os seres de Boa Vontade não podem jamais permitir as vaidades nem os personalismos. Isso é uma tragédia. Não deixem ninguém se levar por esse comportamento. Alertem seus companheiros de jornada, para o bem deles próprios, para o bem da Causa pela qual lutam. Todos aqui em Cima [no Mundo Espiritual] *somos constantemente testados em nossas pequenas qualidades, pois o Cristo não brinca com a hierarquia. (...) Se não somos nada perante a Cristandade, imaginemos o mal que ocorreria se permitíssemos os personalismos sobreviverem em nós.*

Uma lição que deve reinar: todos são importantes, todos são úteis, todos de alguma forma podem contribuir. ***Se fizermos a nossa parte, os Espíritos jamais deixarão de fazer a parte deles.***

Sejam sempre os primeiros a servir. (...) Somente assim os Espíritos poderão ajudá-los. (...) Jesus não tem tempo a perder. A ordem é UNIR; a ordem é CONGREGAR.

Um rolo compressor desce do Mundo Espiritual sobre a Terra.

Os Tempos chegaram!

(Os destaques são meus.)

Eis aí! **UNIÃO**! Durante décadas, no Programa Boa Vontade (PBV)[4], bradei e ainda brado aos corações que nos queiram ouvir, principalmente nestes gravíssimos momentos que vivenciamos no planeta Terra, esta assertiva do saudoso Irmão Zarur:

— *O Brasil* [e hoje dizemos: e o mundo] *precisa, agora mais do que nunca, da união de todos os seus filhos!*

Eu lhe peço permissão para completar: **em torno de Jesus!**

---

[4] **Programa Boa Vontade (PBV)** — Sob o comando de Paiva Netto, teve início em 1º de junho de 1983, pela Rede Bandeirantes de Televisão — Band. Hoje, a palavra de Paiva Netto também pode ser acompanhada pela Boa Vontade TV (Oi TV — canal 212 — e Net Brasil/Claro TV — canais 196 e 696).

PERSISTIR NA DIVINA MISSÃO ALÉM DO FIM

"Vós sois a luz do mundo" (Evangelho, consoante Mateus, 5:14), disse o Cristo àqueles que se integraram no que Ele veio trazer, *"da parte do Pai"*, à Terra.

"Mas Jesus não foi crucificado?", alguém pode argumentar. Não obstante, respondemos nós, o Senhor Excelso deixou o Seu Recado, a Sua Mensagem, e, acima de tudo, venceu a morte. Assim, cumpriu a própria determinação expressa em "A Missão dos Setenta Discípulos de Jesus", constante de Sua Boa Nova, segundo Lucas, 10:10 e 11 — versículos que começamos a analisar no capítulo anterior e faz-se necessário determo-nos ainda mais em seu amplo significado:

> *10 Quando, porém, entrardes numa cidade e não vos receberem,* ***saí pelas ruas e clamai****:*
>
> *11 Até o pó da vossa cidade, que se nos pegou aos pés, sacudimos contra vós outros.* ***Não obstante, sabei que está próximo o Reino de Deus.***

Entenderam? Mesmo não tendo sido aceita a Sua palavra pela "cidade", de forma alguma o Divino Educador ficou sem proclamar o que viera fazer por Vontade do Pai Celestial. Ele persistiu **até o fim** (e além do fim):

> — *Aquele que perseverar* ***até o fim*** *será salvo* (Evangelho de Jesus, consoante Mateus, 24:13).

O Bom Pastor, pois, demonstrou o exemplo a ser seguido pelos Seus discípulos, custe o que custar. Não cessou de difundir que o Reino de Deus está dentro de nós:

> 20 *Interrogado sobre quando viria o Reino de Deus, Jesus revelou: Não vem o Reino de Deus com visível aparência.*
> 21 *Nem dirão: Ei-lo aqui! Ou: Lá está! Porque o Reino de Deus* ***está dentro de vós****.*
>
> Jesus (Lucas, 17:20 e 21)

E quando usamos a expressão **além do fim**, é porque bradamos incessantemente: **Os mortos não morrem!** Escreveu Paulo Apóstolo, na Primeira Epístola aos Coríntios, 15:26:

> — *O último inimigo a ser vencido é a morte.*

E Jesus a venceu, para que nós, em seguida, pudéssemos fazer o mesmo. Alziro Zarur dizia:

— *Não há morte em nenhum ponto do Universo.*

Mil e duzentos anos depois do Apóstolo dos Gentios, São Francisco de Assis desvendou o mistério em sua prece notável:

— *Porque é morrendo que nascemos para a Vida Eterna.*

AS ANDORINHAS SEMPRE VOLTAM

Entretanto, que **ninguém se suicide, pensando que**, com esse ato funesto, **se livrará da dor que o aflige, pois acordará no Outro Mundo mais vivo do que nunca e com todos os seus problemas amplificados. Fugir do sofrimento é cair repetidas vezes nas mãos dele; portanto, sob o cruel flagelo do "lobo invisível"**[5], que tem de ser vencido, mas não

[5] **Cruel flagelo do "lobo invisível"** — Sugerimos às estimadas Irmãs e aos prezados Irmãos ouvir a radionovela *Memórias de um Suicida*. É uma oportunidade formidável para a compreensão e o estudo acerca da ação perniciosa do "lobo invisível". Adaptação do livro homônimo, psicografado pela respeitada médium brasileira Yvonne do Amaral Pereira (1900-1984), cujos direitos autorais pertencem à FEB, teve seu lançamento pela Gravadora Som Puro. A esclarecedora radionovela é uma iniciativa de Paiva Netto, a exemplo →

maltratado, e, assim, redimido pelas ovelhas do Cristo. É bom que nos recordemos constantemente do dito popular imortalizado pelo querido poeta, intérprete e compositor paulista, de Valinhos, **Adoniran Barbosa** (1910-1982), em sua *Saudosa Maloca*, gravada por ele, em 1951, e, em outro vinil, pela cantora paulistana **Marlene** (1922-2014):

— *Deus dá o frio conforme o cobertor.*

Éliphas Lévi

E dá mesmo. É só a gente ser perspicaz e saber, com inteligência, usar o cobertor no "inverno", até que o "verão" volte. Costumo lembrar-lhes um acertado aforismo de **Éliphas Lévi** (1810-1875), que conforta os lutadores pelo Bem, os quais firmemente prosseguem, a despeito das piores condições a serem superadas, porque o Sol há de brilhar:

→ de *Há Dois Mil Anos*, *50 Anos Depois*, *Nosso Lar* e *Sexo e Destino.* Na história, **Camilo Cândido Botelho** (pseudônimo), ao ficar cego, no término do século 19, após vivenciar vários conflitos conjugais e familiares e a decadência financeira, suicida-se, aos 65 anos, acreditando que *"a morte seria o fim"* de seu sofrimento. Mas, como na Profecia de Jesus no Apocalipse, 9:6, a morte não o aceita, e Camilo (Espírito), mais vivo do que antes, vê seus dramas multiplicados. Depois de mais de cinquenta anos de padecimentos e remorsos jamais experimentados por ele na Terra, enfim encontra o caminho da redenção e da renovação espiritual. Essas e outras obras podem ser adquiridas pelo Clube Cultura de Paz (0300 10 07 940) ou pelo www.clubeculturadepaz.com.br.

— Felizes daqueles que não desanimam nunca e que, nos invernos da vida, esperam as andorinhas em sua volta.

INFALÍVEL SEGURO DE VIDA

E não podemos jamais esquecer daquilo que já citamos aqui: a ***"Fórmula Urgentíssima de Jesus"***, que o Irmão Zarur nos legou, inspirado no magnífico ensinamento do Divino Mestre sobre a ansiosa solicitude pela vida (Evangelho do Cristo, segundo Lucas, 12:31; e Mateus, 6:33).

A FÓRMULA URGENTÍSSIMA DE JESUS

*— A Fórmula Perfeita para resolver os grandes problemas dos chefes de Estado, na ciência do governo dos povos, é a de Jesus: "**Buscai primeiro o Reino de Deus e Sua Justiça, e todas as coisas materiais vos serão acrescentadas**". Quer dizer: não haverá soluções perfeitas fora das Leis Eternas, que regem a Terra. O contrário é combater efeitos, enquanto as causas permanecem.*

Com esse Supremo Conhecimento da Economia Divina — pois se trata da Fórmula Econômica do Cristo —, continuamente estaremos prontos — nós, fiéis **ovelhas** que somos do Pastor Celeste — para enfrentar e vencer as tramoias do "lobo invisível", como o Excelso Condutor do Rebanho suplica ao Pai na Sua comovente oração pelos Seus discípulos, isto é, por Suas ovelhas:

> — *Não peço que os tire do mundo,* ***mas que os livre do mal*** [da ação do "lobo"].
>
> Jesus (João, 17:15)

Ora, de forma alguma o Pai deixará de atender ao pedido do Seu Filho Primogênito.

O **Infalível Jesus** é o **Seguro de Vida** de Seus admiradores, cristãos ou não, crentes ou ateus[6]. Se verdadeiramente alicerçados Nele, nunca serão apanhados de surpresa por turbulências, como as do mercado financeiro humano.

Para eles, não há *crashes* de bolsa de valores que lhes derrubem sua firmeza de Alma. Seus investimentos, antes de tudo, são espirituais, de acordo com o que o Economista Divino ensina em Sua Fórmula Urgentíssima.

---

[6] **Nota de Paiva Netto**

Não se espantem com a citação que faço aos Irmãos ateus como admiradores do Cristo, porque eles existem, a ponto de considerar o Divino Mestre um grande revolucionário social. Por exemplo, o biólogo inglês **Richard Dawkins**, considerado até por seus pares um ferrenho pensador ateu, publicou, em 2006, um artigo intitulado *"Atheists for Jesus"* (Ateus por Jesus), e, em certa ocasião, definiu Jesus como *"um dos grandes inovadores éticos da História"*. E ainda afirmou: *"O Sermão da Montanha está muito à frente de seu tempo. Seu 'oferecer a outra face' antecipou* ***Gandhi*** *e* ***Martin Luther King*** *em 2 mil anos"*.

Dom Bosco

Se fielmente aplicada, ela nos abençoa com as benesses do *"Banco de Deus"*, a que se referia **Dom Bosco** (1815-1888). Portanto, oremos e vigiemos, isto é, trabalhemos, sobretudo nas crises, sempre apelando ao infinitamente próspero Banco Divino.

É forçoso lembrar, para nossa própria segurança, o alertamento de Zarur na *Prece da Ave, Maria!*:

— *Faze a tua parte, que Deus fará a parte Dele.*

JESUS E A RIQUEZA ESPIRITUAL

O tesouro que Jesus nos oferta é a Fé disciplinada no Bem, que lança fora as montanhas do atraso, da fome e da miséria, seja esta espiritual ou material.

Jesus os enviou de dois em dois | c. 1886-96 | James Tissot (1836-1902) | Aquarela e grafite sobre papel | 14,6 x 24,8 cm | Museu do Brooklyn, Nova York, EUA

LEVAR SEMPRE ADIANTE O RECADO DE DEUS

No gabinete de Alziro Zarur, no Rio de Janeiro, encontrava-se exposto este raciocínio profundo atribuído a **Abraham Lincoln** (1809-1865), 16º presidente dos Estados Unidos:

> — *O homem que se decide a parar até que as coisas melhorem verificará, mais tarde, que aquele que não parou e colaborou com o tempo estará tão adiante que jamais poderá ser alcançado.*

Por analogia, poderíamos asseverar que todo aquele que não abandonar a tarefa trazida do Plano Espiritual, a fim de ser concretizada na Terra, estará tão à frente quando os que assim não agirem voltarem a abrir os olhos para a realidade da existência invisível — a qual, neste mundo enganoso, ainda poucos veem —, que ascenderá a uma distância inatingível aos demais.

Ora, muitos não quiseram ouvir a Mensagem Redentora do **Cristianismo do Cristo**[7]. Esses perseguiram Pedro, Paulo, João e os demais que se mantiveram fiéis a Jesus. Todavia, mesmo sendo incompreendidos por certa camada da população, os apóstolos e discípulos do Mestre **não deixaram de dar o Recado**. Aí é que está. Surgiram empecilhos?! Nessas horas é que você mostra o seu talento, a sua perseverança apostólica. Se só quiser facilidade, então, perante Deus, estará em falta grave. Depois, não vá reclamar, lá adiante, da sua vida, quando se descobrir em situações dificílimas por você criadas, por ter desistido de honrar o seu dever. E jamais se esqueça de que **o vital alicerce de uma sociedade equilibrada, estável, feliz é o de que cada um cumpra com as suas obrigações**. Senão, viveremos eternamente a avacalhação, a impunidade, o caos atingindo os fundamentos, as estruturas da convivência civilizada, até que elas venham abaixo, esmagando tudo e todos. A História está repleta de exemplos.

TELEVISÃO NÃO É PARA EDUCAR?!

O que acho curioso, além de trágico, é que alguns promovem todos os tipos de baixaria, às vezes por

---

[7] Nota de Paiva Netto

Cristianismo do Cristo — Trabalhamos pelo surgimento do Cristianismo do Cristo, pois, infelizmente, o dos homens realizou, utilizando-se da figura excelsa do Divino Mestre, muitos feitos contrários às lições de Amor e de Justiça deixadas pelo próprio Jesus nas Escrituras Sagradas.

parte da mídia, um prato cheio para o "lobo invisível". E, em seguida, reúnem-se, na mesma mídia, a fim de encontrar a solução para os estragos provocados.

> — *Ah, mas televisão não é para educar,*

pode argumentar um distraído. Também não é para deseducar! — logo lhe respondemos enfaticamente.

Cabe aqui esta admoestação de Jesus, no Seu Evangelho, segundo Lucas, 10:12:

> — *Digo-vos que, no Dia do Juízo, haverá menor rigor para Sodoma do que para aquela cidade* [que não quis ouvir o chamamento].

O texto bíblico menciona a *"cidade"*, porém pode referir-se a um país, uma vila ou uma única casa.

MAIS UM ALERTAMENTO CONTRA O "LOBO INVISÍVEL"

Em meu livro *Reflexões da Alma* (2003), fiz constar esta declaração de **William Ralph Inge** (1860-1954):

William Ralph Inge

> — *Não adianta os cordeiros proclamarem o vegetarianismo enquanto o lobo mantém opinião diversa.*

No entanto, não podemos prosseguir continuamente preocupando-nos com essa expectativa castradora de nossas iniciativas, porque o tempo urge. Ainda existe muita gente querendo tocar fogo no planeta, tal qual nova Roma, como se outros Neros[8] surgissem. Para avançar, **é preciso** não temer o "lobo", mas **revestir-se das armas da paciência e da determinação e fortalecer, nas horas de perigo, a Alma**, como, por exemplo, nesta súplica do monge alemão **Tomás de Kempis** (aprox. 1380-1471), em sua obra *Imitação de Cristo*:

Tomás de Kempis

— *Iluminai-me, ó bom Jesus, com a claridade da luz interior e dissipai todas as trevas que reinam em meu coração.*

Orar concede tranquilidade e força ao Espírito; aclara a mente, dotando-a da sabedoria capaz de prover processos pragmáticos para que seja suplantada toda dificuldade.

---

8 Nota de Paiva Netto

Nero e o incêndio de Roma — Alguns defendem a tese de que **Nero** (37-68) não incendiou Roma, "*porque ele nem estava lá*". Teria viajado para Óstia, cidade costeira, situada na foz do Rio Tibre. Ora, Nero era o imperador e poderia ordenar a **Tigelino** (10-69), outro celerado igual a ele, que o fizesse. E Tigelino, um hipercriminoso, cumpriria a ordem com a maior satisfação.

ESTEJAMOS ATENTOS AOS SINAIS DA VOLTA DE JESUS

Em momentos tão graves como estes que presenciamos no mundo, torna-se imprescindível o ofício do pregador ou da pregadora no convite eloquente a cada ouvinte, telespectador e internauta para que estejam atentos aos sinais da Volta Triunfal do Cristo. Não podemos andar distraídos da nossa responsabilidade para com o Supremo Condutor deste orbe.

É indispensável que todos entendam o que está sendo dito aqui, pois se trata dos encargos de um apostolado que exige atenção e forte sentido de dever, principalmente porque vivemos um instante crucial na História, anunciado desde os mais antigos Profetas, em especial no Apocalipse de Jesus, que Zarur denominava

> — *o mais importante livro da Bíblia Sagrada na atualidade planetária.*

A SEXTA TROMBETA

(Apocalipse de Jesus, 9:13 a 16 e 20 a 21)

13 *O sexto Anjo tocou a trombeta, e ouvi uma voz procedente dos quatro ângulos do altar de ouro que se encontra na presença de Deus,*

> 14 *a qual dizia ao sexto Anjo, o mesmo que tem a trombeta: Solta os quatro Anjos que se encontram atados junto* ***ao grande Rio Eufrates****.*
>
> 15 *Foram, então, libertados os quatro Anjos que se achavam prontos para a hora, o dia, o mês e o ano, para que matassem a terça parte dos homens.*
>
> 16 *O número dos exércitos da cavalaria era de vinte mil vezes dez milhares; eu ouvi o seu número: duzentos milhões.*
>
> *(...)*
>
> 20 *Os outros homens, aqueles que não foram mortos por esses flagelos, não se arrependeram das obras das suas mãos, pois não deixaram de adorar os demônios e os ídolos de ouro, de prata, de cobre, de pedra e de pau, que nem podem ver, nem ouvir, nem andar;*
>
> 21 *nem ainda se arrependeram dos seus assassínios, nem das suas feitiçarias, nem da sua prostituição, nem dos seus furtos.*

E, como os outros homens que não foram mortos não se arrependeram de suas más obras (20 e 21), Deus — para que esses não destruíssem de vez a Terra — teve de mandar o sexto Anjo do Sexto Flagelo:

O SEXTO FLAGELO

(Apocalipse de Jesus, 16:12 a 16)

12 *Derramou o sexto Anjo a sua taça sobre* ***o gran-***
de Rio Eufrates*, cujas águas secaram* ***para que se***
preparasse o caminho dos reis que vêm do lado
do nascimento do sol, o Oriente*.*
13 *Então, vi sair da boca do dragão, da boca da besta e da boca do falso profeta três espíritos imundos semelhantes a rãs;*
14 *porque estes são espíritos de demônios, operadores de sinais, e se dirigem aos reis do mundo inteiro, com o fim de ajuntá-los para a peleja do grande dia do Deus Todo-Poderoso.*
15 *(Eis que venho como vem o ladrão. Bem-aventurado aquele que vigia e guarda as suas vestes, para não andar nu, e não se veja a sua vergonha.)*
16 *E os ajuntou num lugar que em hebraico se chama Armagedom.*

Vocês que acompanham a nossa pregação do Apocalipse de Jesus para os Simples de Coração com certeza sabem por onde passa o grande Rio Eufrates[9],

[9] **O grande Rio Eufrates** — Leia também o capítulo "Vem aí nova situação geopolítica", constante desta obra.

— cujas águas secaram para que se preparasse o caminho dos reis que vêm do lado do nascimento do sol, o Oriente.

Apesar de todos os avisos que a nós descem do Mundo Espiritual, o ser humano provoca o Armagedom[10], de que tanta gente fala, sem, às vezes, entender do que se trata, tamanha a alienação gerada pelo "lobo invisível", isto é, por um ou mais espíritos obsessores.

APANHADOS DE SURPRESA

Atentem ao fato de que, nessas ocasiões, a maioria é apanhada de surpresa[11]. Temos, pois, de alertar a todos civilizadamente, mas com a pujança necessária. Foi Jesus quem afirmou que o grande dia de Sua Volta Triunfal será **quando menos se esperar**, porque as multidões andam dispersas pelas convocações da existência humana e/ou mundana, que, mais tarde, se revelarão dolorosíssimas aos que desertam Dele e de Sua Doutrina:

---

[10] **Armagedom** — Leia mais sobre o amplo significado do Armagedom no livro *Somos todos Profetas* (1991), no subtítulo "Armagedom já está aí" e na obra *Apocalipse sem Medo* (2000), na série de capítulos "Sexto Flagelo e Armagedom", ambos de autoria de Paiva Netto.

[11] **Nota de Paiva Netto**

A maioria é apanhada de surpresa — Lembro-me, e cito novamente, de que, em suas prédicas legionárias, o saudoso jornalista, radialista, escritor e poeta Alziro Zarur costumava admoestar que *"É preciso preparar o Brasil e o mundo para os fatos previstos por Jesus no Seu Evangelho e no Seu Apocalipse. Nenhum Legionário de Deus será apanhado de surpresa"*.

*— Porquanto, assim como nos dias anteriores ao dilúvio, comiam e bebiam, casavam e davam-se em casamento, até o dia em que **Noé** entrou na arca, e não o perceberam, senão quando veio o dilúvio e os levou a todos, **assim será também a vinda do Filho de Deus**.*

Jesus (Mateus, 24:38 e 39)

REVESTIR-SE DA PACIÊNCIA E DA DETERMINAÇÃO

Ainda existe muita gente querendo tocar fogo no planeta, tal qual nova Roma, como se outros Neros surgissem. Para avançar, é preciso não temer o "lobo", mas revestir-se das armas da paciência e da determinação e fortalecer, nas horas de perigo, a Alma. (...) Orar concede tranquilidade e força ao Espírito; aclara a mente, dotando-a da sabedoria capaz de prover processos pragmáticos para que seja suplantada toda dificuldade.

Sermão da Montanha de Jesus | Henrik Olrik (1830-1890) | Retábulo da Igreja de São Mateus, Copenhague, Dinamarca

PREGAÇÃO AUSTERA DO CRISTO DE DEUS

Que tal acreditar em Jesus e fazer como os setenta que Ele mandou ao mundo? Bem que muitos deles, antes deslumbrados pelos milagres de que foram testemunha enquanto cumpriam, de maneira correta, a missão que o Divino Taumaturgo lhes incumbira, logo covardemente desertaram, por não suportar o duro discurso doutrinário pronunciado por Ele, em outra ocasião:

> — *Quem pode suportar palavras tão enérgicas?* (Evangelho do Cristo, consoante João, 6:60).

E depressa se escafederam, conforme explicitei também no início desta obra.

Para os que não têm conhecimento dessa pregação austera de Jesus, que resultou na deserção de muitos que O acompanhavam, faço a seguir um resumo do capítulo 6 das anotações do Evangelista-Profeta, João, a partir do versículo 22.

Após a multiplicação de pães e peixes, realizada num monte às margens do Tiberíades, o Divino Mestre afastou-se em direção a Cafarnaum. Os que souberam das maravilhas feitas pelo Cristo Ecumênico, o Sublime Estadista, foram ao encontro Dele. Nesse momento, o Provedor Celeste proferiu uma forte exprobração aos que O procuravam:

> 26 *Em verdade, em verdade vos digo que me buscais, não pelos prodígios que vistes, mas porque comestes do pão e vos saciastes.*
> 27 *Contudo, trabalhai, não pela comida que perece, mas pelo alimento que perdura pela Vida Eterna, a qual o Filho de Deus vos dará, porque a este o Pai, Deus, o selou.*
>
> Jesus (João, 6:26 e 27)

Em seguida, Jesus provocou enorme celeuma ao revelar-lhes ser Ele próprio o Alimento Espiritual dos povos:

> — *Eu sou o Pão Vivo que desceu do Céu; se alguém comer desse pão, viverá para sempre; e o pão que Eu der é a minha carne, que Eu ofereço pela vida do mundo.*
>
> Jesus (João, 6:51)

Houve ruidosa divergência entre os que ouviam a preleção do Filho de Deus e murmuravam entre si:

> — *Como nos pode este Jesus dar a Sua carne a comer?*
>
> (João, 6:52)

Enfrentando a ignorância deles, disse-lhes ainda o Sábio dos Milênios:

> — *Quem comer da minha carne e beber do meu sangue tem a Vida Eterna, e Eu o ressuscitarei no último dia. Porque a minha carne verdadeiramente é comida, e o meu sangue verdadeiramente é bebida. Quem comer da minha carne e beber do meu sangue permanece em mim, e Eu, nele.*
>
> Jesus (João, 6:54 a 56)

É claro que o Cristo não está aqui defendendo a antropofagia. A carne a que Ele se refere é a riqueza de Sua Doutrina, e o sangue, a perseverança e o sacrifício aceito pelos Seus discípulos ao abraçarem a Causa do Apostolado Divino. Foi quando Jesus, que não brinca com coisa séria nem se importa com a excessiva suscetibilidade — geralmente denunciadora dos fracos de caráter —, virando-se para os doze que haviam permanecido, interrogou-os:

> — *E vós? Quereis ir com eles também?*
>
> Jesus (João, 6:67)

COMENTÁRIO DE ZARUR

Recordo-me, ainda, de marcante pregação do saudoso proclamador da Religião de Deus, do Cristo e do Espírito Santo, Alziro Zarur, feita na década de 1960, sobre essa polêmica passagem do capítulo 6 do Evangelho de Jesus, segundo João:

> *Como dizia São Paulo: "As coisas espirituais se discernem espiritualmente". Do contrário, parecem loucura. Diz mais o Apóstolo dos Gentios: "A letra mata, o Espírito vivifica" (Segunda Epístola aos Coríntios, 3:6). O Pão Vivo que desceu do Céu é a própria carne de Jesus para nos alimentar, são os Seus ensinamentos de Vida Eterna, é a Palavra de Deus. Quem seguir esses preceitos se alimentará Dele para todo o sempre. Viverá Dele, obedecendo a Ele, tão intimamente como se estivesse comendo a própria carne de Jesus, bebendo o Seu sangue.*
>
> *Alguns discípulos não gostaram e ficaram achando que o Divino Mestre não estava no Seu juízo perfeito e se afastaram Dele.*
>
> *(...) Mas o Cristo de Deus perguntou também aos doze apóstolos se eles queriam ir embora como os outros foram.* ***Vemos que Jesus prefere perder todos a modificar o ensinamento da Verdade****, a desobedecer ao Pai Celestial, ainda que fique sozinho,* ***mas a Verdade Ele a sustentará, custe o***

> ***que custar**! Vemos que **São Pedro** disse muito bem: "Mas, para onde iremos, Senhor? Para quem, se tens palavras da Vida Eterna? Nós cremos e sabemos que Tu és o Santo de Deus".*
>
> *Bela confissão. Então, Jesus responde: "Eu não vos escolhi? Entretanto, um de vós é um demônio!" Jesus já sabia que a função de **Judas** seria a de traidor. Isso prova que a gente às vezes é obrigado a suportar um Judas muito tempo. É que ele só pode sair na hora determinada pela "Turma de Cima" (do Mundo Espiritual). Que veja quem tem olhos de ver, que ouça quem tem ouvidos de ouvir, porque esta é, realmente, a Palavra de Deus!*

E assim se encerra essa esclarecedora mensagem do saudoso Zarur.

Convocação dos primeiros apóstolos | 1481 | Domenico Ghirlandaio (1449-1494) | Afresco | 349 x 570 cm | Capela Sistina, Vaticano

JESUS É ABANDONADO POR MUITOS DISCÍPULOS

O TESTEMUNHO DE PEDRO

Para outros esclarecimentos, aqui transcrevo os versículos de 60 a 71 da passagem do Evangelho do Cristo, segundo João, capítulo 6, que estamos analisando. Lembro-lhes de que Jesus proferiu um discurso tão austero que muitos de Seus seguidores, escandalizados, passaram a não seguir mais Seus passos. Vejamos:

OS DISCÍPULOS ESCANDALIZADOS

60 *Muitos dos Seus discípulos, ouvindo isso, disseram: Duro é este discurso; quem o pode suportar?*

61 *Mas Jesus, sabendo por si mesmo que eles murmuravam a respeito de Suas palavras, disse-lhes: Isto vos escandaliza?*

62 *Que será, pois, se virdes subir o Filho de Deus para o lugar onde primeiro estava?*

63 ***O Espírito é o que vivifica****; a carne para nada aproveita. As palavras que Eu vos tenho dito são espírito e vida.*

64 *Contudo, há alguns de vós que não creem. Pois*
Jesus sabia, desde o princípio, quais eram os que não
criam e quem O havia de entregar.
65 *E continuou: Por causa disto, é que vos tenho*
dito: ninguém poderá vir a mim, se, pelo Pai, não
lhe for concedido.

MUITOS DISCÍPULOS SE RETIRAM

66 *À vista disso, muitos dos Seus discípulos voltaram*
para trás e ***não andaram mais com Ele****.*
67 *Perguntou, então, Jesus aos doze:* ***Porventura,***
quereis vós também retirar-vos?
68 *Respondeu-Lhe Simão Pedro:* ***Senhor, para***
quem iremos nós, se apenas Tu tens as palavras
da Vida Eterna?
69 *E nós já temos crido e bem sabemos que Tu és o*
Santo de Deus.
70 *Respondeu-lhes Jesus: Não vos escolhi a vós, os*
doze? Contudo, um de vós é o diabo.
71 *Referia-se a Judas, filho de* ***Simão Iscariotes****; por-*
que era ele o que O havia de entregar, sendo um dos doze.

POR AMOR A JESUS, SUPERAR AS PROVAÇÕES

Logo, **quando o Cristo Ecumênico, o Sublime Estadista, vier com um discurso desafiador, uma genuína provocação — o que é uma constante na vida dos Seus legítimos aprendizes —, não fuja, como**

fizeram diversos dos falsos seguidores do Divino Chefe.

O TESTEMUNHO DAS MULHERES

Chamo-lhes de novo a atenção para o fato de que aqueles setenta discípulos empreenderam verdadeiros prodígios para os quais não estavam por si próprios capacitados. Apenas os realizaram porque o Mestre Amado misericordiosamente os instruiu e o Poder de Deus baixou sobre eles. Porém, no momento em que Jesus resolveu testá-los e a outros mais que O acompanhavam, dirigiu-lhes aquela preleção forte, e eles reclamaram:

— *Não podemos suportar esse discurso!*

E foram logo se afastando. Permaneceram somente doze. O Celeste Pastor decididamente virou-se, então, para os que restaram e arguiu-lhes:

— *Porventura, quereis vós também retirar-vos?*

Mas eles ficaram, não foram atrás do "lobo invisível", embora um O tenha traído; outro, O negado; e a maioria, se escondido com grande temor[12] no mo-

---

[12] <u>**Nota de Paiva Netto**</u>

"se escondido com grande temor" — É importante ressaltar que, após o traumático evento do Gólgota, muitos dos apóstolos e discípulos do Divino →

mento do testemunho maior do Mestre, menos **João Evangelista**, que esteve lá, na terrível hora da crucificação, com **Maria**, Mãe de Jesus; sua irmã; também **Maria Madalena**; **Maria**, mulher de **Clopas**; e a mãe dos filhos de **Zebedeu**; possivelmente **Joana de Cuza**; e tantas outras mulheres que o Evangelista não pôde anotar.

Reparem na firmeza de caráter delas no mais dramático dia da indescritível provação de Jesus! **Não fugiram!** É preciso que todos se espelhem no testemunho dado por elas nos instantes derradeiros de Nosso Senhor Jesus Cristo **e que, com igual bravura, perseverem além do fim**.

A propósito, transcrevo alguns trechos do notável manifesto aos jovens que a veemente jornalista e escritora, nascida em Campos/RJ, **Nina Arueira** (1916-1935) redigiu, em 17 de novembro de 1931 — guardem bem isto no coração — aos 15 anos de idade. Trata-se de uma convocação à prática solidária, que, por isso, configura um alertamento contra o "lobo invisível":

À MOCIDADE DE MINHA TERRA

Acordai, gente de minha terra, porque o dia se alevanta por sobre tudo, a noite dos sonhos e das insô-

---

→ Taumaturgo se redimiram daquele momento de hesitação, tornando-se testemunhas fiéis e corajosas da Redentora Mensagem do Cristianismo do Cristo. Esse fato foi registrado pelo Evangelista Lucas nos Atos dos Apóstolos de Jesus.

Nina Arueira

nias se diluiu na luz; cortejos brancos de fulgores venceram as trevas e sobre elas implantaram sua vitória...

(...) Deixai vossos corações evoluírem já com vossos cérebros; amai, pois, amai a vida, as crianças, as flores e as coisas; amai, que o amor espiritualiza a matéria; o amor é a base sólida da fraternidade; o amor vos iluminará o mundo; quanto mais amardes, menos maus sereis; quanto mais amardes, mais bem tereis semeado. Mas vede: amar não é desejar; amar é divino, desejar é humano e grosseiro. E vós, deixai-vos progredir, não só por vós, mas para que sejais o despontar de uma raça forte, de uma civilização mais firme.

Idealizando e realizando, sereis homens [e mulheres] *superiores; amando, sereis Espíritos tocados da pureza do Nirvana. (...)*

Caminhai, pois, mocidade de minha terra; caminhai liberta de ideias alheias; firme no propósito de galgar as maiores altitudes; certa de que nada vos cortará o voo; caminhai, moços de minha terra e fazei da mocidade campista[13] *a primeira mocidade do mundo...*

(...) Enchei vossos sonhos de altitudes; enchei vossos olhos de sonhos e parti; alcançareis vitórias, mas que

---

[13] **Campista** — Nina Arueira refere-se à mocidade de Campos dos Goytacazes, município do Estado do Rio de Janeiro, no Brasil.

elas não apaguem da vossa mente o ideal da última vitória...

A última glória é a geração dinâmica que preparais... Avante!

Diante de tão eloquentes e apaixonantes expressões da poeta Nina, convém, mais uma vez, recordar a admoestação do Mestre Jesus, **o Rei da Perseverança**, ó jovens de todas as idades:

> — *Na vossa perseverança, salvareis as vossas Almas* (Evangelho do Cristo, segundo Lucas, 21:19).

Jamais desonrem, portanto, o compromisso assumido com Ele, **Jesus**!

Não há "lobo invisível" que nos intimide, pois seguros estamos na Divina Segurança das seguras mãos de **Jesus**!

SABEDORIA E PERSISTÊNCIA DAS MULHERES INTEGRADAS EM JESUS

Reparem na firmeza de caráter das mulheres que permaneceram ao lado do Divino Mestre no mais dramático dia de Sua indescritível provação! Não fugiram! É preciso que todos se espelhem no testemunho dado por elas nos instantes derradeiros de Nosso Senhor Jesus Cristo e que, com igual bravura, perseverem além do fim.

A MISSÃO DOS SETENTA E O "LOBO INVISÍVEL"

– PARTE 10 –

A Lei de Deus abre caminho para aquele que procura tornar-se realmente humilde, luta por aprender sem *parti pris*, ou seja, sem ideia preconcebida, pois, com toda a sinceridade, quer mais luz, não deseja arrastar-se na penumbra, perder-se na escuridão, na selva sombria em que vagam, claudicantes, os "lobos invisíveis". Portanto, o Pai Celestial desvenda a esse peregrino o Seu Sublime Conhecimento.

Jesus ensina o povo perto do mar | c. 1886-96 | James Tissot (1836-1902) | Aquarela e grafite sobre papel | 17 x 23,5 cm | Museu do Brooklyn, Nova York, EUA

SABEDORIA DA HUMILDADE

UMA ADMOESTAÇÃO DO DIVINO MESTRE

Jesus, o Cristo Ecumênico, o Sublime Estadista, expressa uma advertência que, assim como as demais que Ele proferiu, deve ser levada muito a sério. Avancemos nesse empolgante estudo, agora no versículo 13 do Evangelho, segundo Lucas, capítulo 10:

> — *Ai de ti, Corazim! Ai de ti, Betsaida! Porque, se em Tiro e em Sídon, se tivessem operado os milagres que em vós se fizeram, há muito que elas se teriam arrependido, assentadas em panos de saco e cinza*[1].

Vejam que Jesus faz grave alertamento a Corazim e a Betsaida e chega a afirmar que, se em Tiro e Sídon — lugares de negociantes e onde havia a adoração a vários

---

1 ***"assentadas em panos de saco e cinza"*** — Era costume entre os judeus e outros povos da Antiguidade, em ocasiões especialíssimas, manifestar o seu sofrimento interior e o seu estado de espírito rasgando as vestes e se cobrindo de pano de saco e cinza. O tecido grosseiro era bem resistente, feito de pelos de cabra ou de camelo e utilizado para armazenar cereais, objetos e alimentos em geral. Esse pano de saco era devidamente cortado e vestido como uma roupa, revelando luto, aflição por alguma tragédia ou desastre (de foro íntimo ou coletivo) ou, ainda, tristeza pelos pecados, arrependimento etc.

deuses — se tivessem operado os milagres feitos por Ele, desde muito o coração daquela gente teria sido tocado pela revelação do Deus Único e do Amor Fraternal.

Antes que algum desavisado possa menoscabar dos que creem em muitas divindades, provoco a leitora e o leitor fraternalmente indagando: quem pode garantir que, em meio aos politeístas, não há escolhidos por Deus? Será que possuímos atributos para participar da Celeste Bancada do Supremo Juízo? Santa pretensão! **Sejamos humildes perante as lições Daquele que tem o que ensinar e sabe como fazê-lo: Cristo Jesus!** E haveremos de crescer. **A modéstia é uma chave que abre as portas** a fim de que você honestamente cumpra o que prometeu antes de descer à Terra — por exemplo, aprender a vivenciar a Paz em humanidade — para o que é necessário lançar fora o "Ismo do Ego"[2], contra o qual admoestava Alziro Zarur.

Aliás, em certa ocasião, afiancei a um pugilo de jovens que **a humildade é um passo adiante da sabedoria** e que — segundo asseverava o saudoso Irmão Zarur, em suas notáveis palestras apresentadas no rádio — o futuro está nas mãos dos de Boa Vontade. Ele procla-

[2] **O "Ismo do Ego"** — Página do saudoso Irmão Zarur, constante do *Livro de Deus* (1982) e de *A Bíblia para o Povo* (1988), obras de Paiva Netto.

mava o significado da Boa Vontade de Deus[3], presente no glorioso cântico com o qual os Anjos da Milícia Celeste anunciaram aos pastores do campo (simples de coração) o nascimento de Jesus, o Cristo Ecumênico, o Sublime Estadista. Portanto, **tenhamos humildade de consciência para poder assimilar, de forma plena, a riqueza do conhecimento espiritual que o Excelso Educador nos oferta gratuitamente no Seu Evangelho-Apocalipse**, quando estudado em Espírito e Verdade — conforme preconizou Kardec —, e à luz do Novo Mandamento do Cristo, o Amor Universal — *"Amai-vos como Eu vos amei. Somente assim podereis ser reconhecidos como meus discípulos"* (Evangelho do Cristo, segundo João, 13:34 e 35) —, consoante ensinou Zarur.

E jamais escutemos a má sugestão do "lobo invisível" de valermo-nos erroneamente dos poderes com que o Divino Provedor nos abençoa como herança. **Prestaremos contas de todos eles.** É da Lei de Deus que paguemos nossas dívidas **até a última moeda**. Não brinquemos com o que é sério, porque Ele advertiu no Evangelho, segundo Lucas, 12:59:

---

[3] **Boa Vontade de Deus** — No Evangelho de Jesus, segundo Lucas, 2:13 e 14 (tradução do padre **Matos Soares**), consta: *"E, subitamente, apareceu com o Anjo uma multidão da Milícia Celeste, louvando a Deus, e dizendo: 'Glória a Deus no mais alto dos céus, e paz na terra aos homens* [e às mulheres, aos jovens, às crianças e aos Espíritos, Almas Benditas] *de Boa Vontade (de Deus)'"*.

— *Digo-te que não sairás dali* [da prisão] *enquanto não pagares o derradeiro ceitil.*

HÁ ÚLTIMOS QUE SERÃO PRIMEIROS

Contudo, no Dia do Juízo Final, haverá menos rigor para Tiro e Sídon do que para vós outras [Corazim e Betsaida].

Jesus (Lucas, 10:14)

Corazim e Betsaida já haviam sido admoestadas pela pregação de Jesus, no versículo anterior a este, do capítulo 10 do Evangelho do Cristo, segundo Lucas. Não quiseram devidamente ouvi-Lo. Tiro e Sídon chegaram depois. Digamos, para argumentar, colocaram-se entre as que foram convocadas por último e talvez tenham merecido — muitos dos que ali viviam — estar entre os primeiros, pois **as obras, firmadas na Fé, é que nos concedem dignidade**. Você é por Deus **assinalado pelo bem que faz aos outros**, recebendo Dele a justa recompensa. No entanto, jamais pratiquemos uma Boa Ação com intuito egoísta:

— *Ora, vou agir de forma adequada porque quero tirar vantagem disso aí também!*

Cuidado! Esse tipo de pensamento insuflado pelo "lobo invisível" leva à ruína aqueles que, infelizmente, seguem por **essa rota de colisão**. O Apóstolo Paulo, em sua Epístola aos Gálatas, 6:7, a todos exorta:

> — *Não vos iludais. Deus não se deixa escarnecer. Aquilo que o homem semear, isso mesmo terá de colher.*

ADENDO

FÉ E BOAS OBRAS, FIRMADAS EM JESUS

Nas *Sagradas Diretrizes Espirituais da Religião de Deus, do Cristo e do Espírito Santo*, volume 1 (1987), escrevi:

Eis, em resumo, a Filosofia da Religião Divina: a Verdade, a Justiça e o Amor Universal ecumenicamente **em marcha** por todos os quadrantes da Terra, construindo pela pujança do trabalho regenerador um mundo melhor, no exercício da **Fé Realizante**, que se opõe à fé ociosa.

A **Fé Realizante** é o alimento diário para a Alma. A fé egoística é a sua indigestão.

Disse Jesus:

> — *Eis que venho sem demora, e comigo está o galardão que tenho **para retribuir a cada um segundo as suas obras*** (Apocalipse, 22:12).

É a Lei do Apocalipse, **Lei das Obras**, de que tão sabiamente falou Zarur. Lição que, de igual modo, encontramos no Antigo Testamento da Bíblia Sagrada, no Livro do Profeta Jó, 34:10 e 11:

> 10 *A impiedade está longe de Deus, e a injustiça longe do Onipotente.*
> 11 *Porque* ***Ele dará ao homem segundo as suas obras e recompensará cada um segundo o seu proceder.***

Também Paulo, em sua Segunda Carta aos Coríntios, 5:10, admoesta:

> — *Importa que todos nós compareçamos perante o tribunal do Cristo, para que* ***cada um receba segundo o bem ou o mal que tiver feito.***

Meus Irmãos e Irmãs, vejam bem: foi Jesus quem asseverou em Seu Evangelho, de acordo com as anotações de Mateus, 16:27: "*a cada um segundo as suas próprias obras*", trecho ratificado aqui pelo Apóstolo dos Gentios.

Jesus, mais do que todos, prega a Fé. E Fé Realizante. Ele nos incentiva:

> — *Se tiverdes fé do tamanho de um grão de mostarda, direis a este monte: Sai daqui, lança-te ao*

mar, e assim acontecerá, porque tudo é possível àquele que crê (Evangelho, consoante Mateus, 17:20).

Nessa passagem, **o Sublime Professor apresenta a Fé como instrumento de Boas Obras** para a salvação pessoal e coletiva, enfatizando que, por menor que ela seja (vejam o exemplo do grão de mostarda), afastaremos do nosso caminho as "montanhas" que nos impedem de avançar na direção de Deus. **O monte** a que Jesus se refere, conforme Zarur explicou tantas vezes, **são as dificuldades de todos os tipos, por maiores que sejam**. **Trata-se das dores naturais em consequência dos erros praticados**; são as ciladas dos enganos que nos encarceram quando ignoramos as Leis Eternas, distanciando-nos, assim, da compreensão do mecanismo que as rege.

FÉ DISCIPLINADA NO BEM

O tesouro que Jesus nos oferta é a Fé disciplinada no Bem, que lança fora as montanhas do atraso, da fome e da miséria, seja esta espiritual ou material. Não é a fé ociosa nem a que depreende pensamento inativo de nada realizar em benefício dos nossos Irmãos em humanidade. Essa fé egoísta não alimenta os famintos, não veste os nus, não protege as viúvas ou os órfãos nem socorre os enfermos. É, portanto, o oposto da Fé Realizante, aquela que **Jesus** prega. Ele, que **é o modelo vivo de Fé e Boas Obras**, repreende os servidores da fé ociosa: ***"Apartai-vos de mim"*** (Boa Nova do Cristo, segundo Mateus, 25:41).

TALENTOS CONCEDIDOS PELO CRISTO

Jamais escutemos a má sugestão do "lobo invisível" de valermo-nos erroneamente dos poderes com que o Divino Provedor nos abençoa como herança. Prestaremos contas de todos eles. É da Lei de Deus que paguemos nossas dívidas até a última moeda. Não brinquemos com o que é sério, porque Ele advertiu no Evangelho, segundo Lucas, 12:59: *"Digo-te que não sairás dali* [da prisão] *enquanto não pagares o derradeiro ceitil"*.

REENCARNAÇÃO É LEI DIVINA

E tu, Cafarnaum, serás elevada, porventura, até ao céu? Pelo contrário, descerás até ao inferno.
Jesus (Lucas, 10:15)

Naturalmente, não se trata do inferno eterno que um deus *mais vingativo do que um homem mau* "criou" para punir os que erram — ideia combatida por Zarur, no seu magnífico "Poema do Deus Divino", ao defender a essência sublime do Criador.

Jesus conforta os que caíram em erro, porém que almejam corrigir-se:

— *Não vim para os sãos, mas para, em nome do Pai Celestial, curar os enfermos* (Evangelho, segundo Marcos, 2:17).

Então, como é que Ele vai lançar, para todo o sempre, doentes ao **Érebo**[4]? Mais cedo ou mais tarde, por

[4] **Érebo** — Na mitologia grega, Erebus — ou, ainda, Erebos —, filho de **Caos**, era a personificação das trevas.

efeito das vidas sucessivas[5], a consciência dos que cometem delitos os acusará. Ela, sim, a consciência, é implacável[6].

— *Todavia, há pessoas que não têm consciência.*

Isso é o que alguns equivocadamente teimam em achar. Um dia, o arrependimento falará mais alto no coração dos errantes, e eles, por intermédio de muitas reencarnações, começarão a se redimir.

— *Ah, mas eu não acredito em Reencarnação.*

Respeito o seu ponto de vista. Entretanto, a Reencarnação é uma Lei Divina. Ela não existe ou deixará de existir porque creio nela ou porque você descrê.

Outra coisa: não julgue — aquele que me ouve ou me lê — que eu seja *"un Candide"*[7], o qual, mesmo

---

[5] **Nota de Paiva Netto**

Vidas sucessivas — A Lei da Reencarnação é muito mais caridosa do que a do inferno eterno. No Antigo Testamento, pela boca do Profeta **Ezequiel**, 33:11, Deus afirma que não deseja a perdição dos pecadores, mas que eles se salvem. E o Profeta **Oseias** (6:6) transmite esta assertiva de Deus: *"Misericórdia quero, e não holocausto"*.

[6] **A força implacável da consciência** — Há muitos exemplos nos livros psicografados do dr. Bezerra de Menezes, André Luiz, Emmanuel, Yvonne do Amaral Pereira e de outros Irmãos Espirituais.

[7] **Candide** — Personagem de *Cândido*, ou *O Otimismo*, conto filosófico em tom de sátira, escrito em 1759 por **François-Marie Arouet** (1694-1778), ou simplesmente **Voltaire**. Esse clássico da literatura tem como eixo principal

vendo o planeta levado ao caos pelos inconscientes da vida, considere que estamos no melhor dos mundos. Concordo com o velho **Confúcio** (551-479 a.C.):

Confúcio

— *Pague a Bondade com a Bondade, mas o mal com a Justiça.*

Otimismo é uma coisa. Fé em Deus é outra, ao infinito mais consistente. Jesus ensinou:

— *O que não é possível aos homens para Deus é sempre possível* (Evangelho, segundo Lucas, 18:27).

E a Fé é a chave para os milagres, como descobriu o anteriormente cético **Thomas Merton** (1915-1968), famoso poeta, escritor, crítico social e monge trapista, da Abadia de Gethsemani, Kentucky (EUA), nascido em Prades, França.

---

o otimismo sem limites de **Candide**, um jovem bastardo, filho de um nobre da Westfália, que vaga pelo mundo, passando pelas piores agruras: fome, miséria, guerra e perseguições, para ir atrás da prima **Cunegunda**, a quem ele ama e segue fielmente por Buenos Aires, Argentina; pela Itália; pelo mítico Eldorado; e por Paris, França.

APARIÇÃO DE SANTA TERESA DO MENINO JESUS A UM EMPRESÁRIO

Aliás, reiteramos que as aparições oferecidas pelo Espírito Santo são sempre mais potentes do que os claudicantes oferecimentos dos "lobos invisíveis". O impacto benfazejo que as autênticas revelações espirituais costumam ter sobre as pessoas é demonstrado numa narrativa do próprio Merton, no prólogo de seu livro *Águas de Siloé*. A história é resumida pelo notável **Clóvis Tavares** (1915-1984), autor de *Mediunidade dos Santos.*

> *Nos tempos que antecederam a Segunda Guerra Mundial, um bem-sucedido homem de negócios chega de táxi a um dos mais luxuosos hotéis de Paris. Ao entrar, encontra uma freira com semblante de traços caracteristicamente franceses. O viajante não reconhece a mulher nem sabe que seus trajes pertencem à Ordem das Carmelitas Descalças. Chama-lhe a atenção o sorriso marcante da religiosa que transmite sinais de sincera amizade.*
>
> *O executivo, impelido pela importância de seu próprio* status, *desdenha do olhar carismático da freira desconhecida. Dirige-se para fazer seu registro na recepção, mas, despertado pela curiosidade, volta-se na direção da carmelita. Percebe, então, que a mulher já não se encontra no saguão do hotel. Questiona o empregado da recepção sobre a procedência*

da freira que acabara de sair. O moço, surpreso com a pergunta, responde-lhe que freira alguma transita pelas ruas àquela hora da noite, distribuindo sorrisos para os homens, e que a única pessoa a passar pela porta do hotel nos últimos trinta minutos fora ele, o empresário.

Pouco tempo decorreu antes que aquele alinhado industrial francês abandonasse profissão e prestígio, tornando-se um trapista numa abadia do sul da França. A razão pela alteração abrupta e radical de seu destino deveu-se à aparição daquela monja sorridente, no lobby *do hotel parisiense, que o recepcionista insistiu nunca ter estado lá.*

Alguns dias depois de tê-la avistado e muito impressionado pelo insólito acontecimento, o empresário encontrou um retrato da freira na casa de uns amigos seus que lhe disseram se tratar de ***Santa Teresa do Menino Jesus****.*

Incluí essa comovente história no livro *Cartas Espirituais da Europa*, que escrevi quando estive em Portugal, em 1991. Reproduzo-a aqui para percebermos que a atuação solidária da Humanidade de Cima a serviço de Deus é capaz de promover profundas transformações espirituais, proporcionando, por exemplo, nosso despertamento para a destinação divina reservada a nós. Vem a calhar esta famosa quadrinha, que invoca proteção e coragem diante da vida, imortalizada na voz do saudoso Irmão Alziro Zarur:

Jesus anda comigo.
Comigo Jesus está.
Eu tenho Jesus por mim.
Contra mim ninguém será.

JUSTIÇA E REENCARNAÇÃO

Ainda sobre a Lei Universal da Reencarnação, encontramos em *O Livro dos Espíritos*, de Allan Kardec, o seguinte esclarecimento à questão 171:

> *171. Em que se funda o dogma da reencarnação?*
>
> *"Na justiça de Deus e na revelação, pois incessantemente repetimos: o bom pai deixa sempre aberta a seus filhos uma porta para o arrependimento. Não te diz a razão que seria injusto privar para sempre da felicidade eterna* ***todos aqueles de quem não dependeu o melhorarem-se****? Não são filhos de Deus todos os homens? Só entre os egoístas se encontram a iniquidade, o ódio implacável e os castigos sem remissão."*
>
> *Todos os Espíritos tendem para a perfeição e Deus lhes faculta os meios de alcançá-la, proporcionando-lhes as provações da vida corporal. Sua justiça, porém, lhes concede realizar, em novas existências,* o que não puderam fazer ou concluir numa primeira prova.

Não laboraria Deus com equidade, nem de acordo com a Sua bondade, se condenasse para sempre os que talvez hajam encontrado, oriundos do próprio meio onde foram colocados e alheios à vontade que os animava, obstáculos ao seu melhoramento. Se a sorte do homem se fixasse irrevogavelmente depois da morte, não seria uma única a balança em que Deus pesa as ações de todas as criaturas e não haveria imparcialidade no tratamento que a todas dispensa.

A doutrina da reencarnação, isto é, a que consiste em admitir para o Espírito muitas existências sucessivas, é a única que corresponde à ideia que formamos da justiça de Deus para com os homens que se acham em condição moral inferior; a única que pode explicar o futuro e firmar as nossas esperanças, pois que nos oferece os meios de resgatarmos os nossos erros por novas provações. A razão no-la indica e os Espíritos a ensinam.

O homem, que tem consciência da sua inferioridade, haure consoladora esperança na doutrina da reencarnação. Se crê na justiça de Deus, não pode contar que venha a achar-se, para sempre, em pé de igualdade com os que mais fizeram do que ele. Sustém-no, porém, e lhe reanima a coragem a ideia de que aquela inferioridade não o deserda eternamente do supremo bem e que, mediante novos esforços, dado lhe será conquistá-lo. Quem é que, ao cabo da sua carreira, não deplora haver tão tarde ganho uma experiência de que já não mais pode tirar proveito? Entretanto, essa experiência tardia não fica perdida; o Espírito a utilizará em nova existência.

(O destaque é meu.)

REENCARNAÇÃO — BÁLSAMO DIVINO

Não há punição eterna. A Reencarnação é o bálsamo divino para a cura do doente que a si mesmo se enferma.

EXTRAORDINÁRIA MISSÃO DOS FIÉIS MENSAGEIROS DE DEUS

Quem vos der ouvidos ***a mim me ouve****; e quem vos rejeitar a mim me rejeita; quem, porém, me rejeitar rejeita Aquele que me enviou*
[ou seja, o Pai, que está no Céu].
Jesus (Lucas, 10:16)

Diante disso, é necessário ter cuidado ao propagar o que Jesus deixou escrito por intermédio dos Evangelistas. Se você não estiver transmitindo corretamente os ensinamentos do Cristo Ecumênico, o Divino Estadista, a pessoa que os ouvir creditará a Ele a má lição recebida. Ao deturpar preceitos celestes, o vacilante ficará numa posição delicada perante a Justiça Eterna, pois estará servindo de instrumento ao "lobo invisível", para o desvio das ovelhas do Senhor.

A fim de ser fiel mensageiro da Palavra de Deus, o evangelizador não precisa inventar nada. Basta que abra e leia o Evangelho-Apocalipse de Jesus com o coração iluminado pelo Amor Fraterno e o cérebro esclarecido pela Verdade Divina. Analise tudo em Espírito e Verdade, à luz do Novo Mandamento do Sublime Pegureiro — *"Amai-vos como Eu vos amei. Somente assim podereis ser reconhecidos como meus discípulos"* (Evangelho do Cristo, segundo João, 13:34 e 35). O que sempre se deve guardar na mente é que **não se pode pregar com ódio o que o Pai Celestial ensinou com Amor**. No dia em que todos dessa forma estudarem a Boa Nova e o Livro das Profecias Finais, chegaremos à curul, ao apogeu, dessa tarefa extraordinária, que Jesus concedeu à nossa modesta capacidade. O Mestre pode parecer, a certos olhos humanos, divinamente incoerente. No entanto, Ele não o é.

MINHA COERÊNCIA É O BEM DO MEU SEMELHANTE

Ralph Waldo Emerson

Recordo-me da seguinte reflexão de **Ralph Waldo Emerson** (1803-1882), que o **Gandhi**[8] (1869-1948) gostava de citar:

— *A tola coerência é o cavalo de batalha dos medíocres.*

Gandhi

Em algumas ocasiões, expliquei que é claro que o Mahatma não estava, ao propagar o raciocínio de Emerson, preconizando o pensamento desgovernado, a incoerência

---

[8] **Gandhi** — Mohandas Karamchand Gandhi (1869-1948), líder pacifista indiano. O Mahatma, que significa "Grande Alma", foi um dos principais responsáveis pela libertação da Índia do domínio inglês.

boçal. Sendo um homem de pensamento amplo, ele compreendia perfeitamente que tal "coerência" serviu de pretexto para muitos que não queriam avançar. Por isso, buscava a que sobrepaira a craveira comum do entendimento das pessoas — a **coerência da moral divina**, que todos nós temos de aprender.

Não podemos, portanto, agir irresponsavelmente, querendo atribuir a essa expressão um sentido criminoso.

Inspirado na sabedoria antiga dos hindus, o Mohandas ainda afirmava:

> — *A estrada que conduz à Verdade foi construída para os intrépidos.*

Em meu livro *Reflexões e Pensamentos — Dialética da Boa Vontade* (1987), alicerçado no exemplo de Jesus, o Cristo de Deus, escrevi que a **minha coerência é o bem do meu semelhante**.

A QUEDA DA LUA ESCURA DA HUMANIDADE

Feitos esses esclarecimentos, prossigamos em nosso estudo do Evangelho de Jesus, de acordo com as anotações de Lucas, 10:17 e 18:

> 17 *E voltaram os setenta com alegria, dizendo: Os próprios espíritos da treva* [espíritos atrasados

> ou "lobos invisíveis"] *se nos submeteram pelo Teu nome, Jesus!*
> [18] *Mas Ele lhes respondeu: Eu via satanás caindo do céu como um relâmpago.*

Notem no versículo 17 que os discípulos retornaram maravilhados! Com isso, o Estratego Celeste mostrou de que modo se tornam **capazes de efetuar verdadeiros milagres aqueles que Nele confiam**.

E o Cristo anuncia a derrocada do diabo: é a iniquidade perdendo espaço para as ações do Bem. Alziro Zarur, em suas memoráveis palestras radiofônicas — como já dissemos —, explicava que satanás representa

> — *a soma de todas as maldades humanas. O dia em que* ***o ser humano deixar de ser mau, satanás deixará de existir***.

Ao encontro dessas palavras, o pastor presbiteriano **Nehemias Marien** (1932-2007) assim se expressou:

> *A figura do diabo, demônio, satanás, Lúcifer ilustra o instante da fraqueza do ser humano, que pode ser cíclico enquanto não forem varridas do coração humano as suas secretas intenções, contrárias à vontade de Deus. (...)*

O exorcismo que Jesus realiza não segue nenhuma liturgia religiosa. O simples aproximar de Sua Graça nos expurga de todo o mal. (...)

Nenhum poder maligno se aproxima daquele que tem Jesus sempre ao seu lado. O mal já foi exorcizado, de uma vez e para sempre, na expiação de Jesus.

A queda de satanás significa a falta de conhecimento deixando de ser a lua escura da humanidade, que passa a galgar degraus no **Conhecimento além do conhecimento**. Compreenderam? Entendamos, neste caso, a lua (escura) a representar a psique humana ensombrecida pelo reino da ignorância a que Jesus veio dar cabo.

Portanto, a derrocada de Lúcifer simboliza, para os que desejam iluminar-se com a Sabedoria que vem de Deus, o fim desse domínio maligno.

Goethe

O velho **Goethe** (1749-1832), um dos maiores expoentes da literatura alemã, ponderava:

— *Não há nada mais terrível do que uma ignorância em atividade.*

Daí ser fundamental não apenas bem instruir o povo, mas educá-lo com civilidade e, mais que isso, reeducá-lo com a Espiritualidade Ecumênica, aquela que ilustra a alma sem fanatismos.

SAUDADE, SÓ DO FUTURO!

Eis que vos dei autoridade para pisardes serpentes e escorpiões e sobre todo o poder do inimigo, e nada, absolutamente nada, vos causará dano.
Jesus (Lucas, 10:19)

Quer dizer, o Cristo nos concede Sua autoridade para corrigir o que anda errado. Não literalmente ferir as serpentes e os escorpiões, muito menos humilhar as pessoas, porquanto há aqueles que, num olhar subjetivo, veem as criaturas humanas como animais peçonhentos. Quem assim implacavelmente o fizer estará abusando da confiança que Deus — que é Amor e Justiça — lhe concede. **Ler a Bíblia ao pé da letra é um perigo.**

Paulo Apóstolo condenava esse costume, ao afirmar:

— ***A letra mata, o Espírito vivifica*** (Segunda Epístola aos Coríntios, 3:6).

Por quê?! Ele mesmo explica:

— *As coisas espirituais devem ser discernidas espiritualmente* (Primeira Epístola aos Coríntios, 2:14).

Se o Taumaturgo Celeste deixa explícito aos setenta que lhes outorgou autoridade *"sobre todo o poder do inimigo"*, amendrontar-se com o quê? Com o "lobo invisível"?! De forma alguma! Como perguntava o sempre lembrado proclamador da Religião de Deus, do Cristo e do Espírito Santo, Alziro Zarur, em sua quadrinha "Legionários da Boa Vontade", publicada em *Poemas da Era Atômica* (1949):

Marcharemos no Sul e no Norte...
Ninguém pode esta marcha deter!
Pois, se nós não tememos a morte,
A quem é que nós vamos temer?

E respondemos em uníssono: *"Ninguém! Jamais!"*

Devemos, sim, precatar-nos contra nossas próprias fraquezas, nossos próprios atavismos; pensar esperançosamente e agir com acerto por um melhor porvir; não viver magoados pelo pretérito infeliz. **Saudade, só do futuro!** O passado serve apenas de base para que não se repitam os mesmos equívocos e, com a ajuda de Deus, para que se corrijam os desacertos.

Por isso, disse Jesus:

— *(...) e nada, absolutamente nada, vos causará dano* (Evangelho, segundo Lucas, 10:19).

Meu Deus! Percebem que quem está assegurando isso é o Salvador dos humildes? Então, o que recear diante das intempéries da existência?

"QUEM É ESTE, QUE ATÉ O VENTO E O MAR LHE OBEDECEM?"

Com Fé Realizante, persistência, coragem e Boa Vontade, tudo será superado, como na passagem da tempestade aplacada por Jesus, constante do Seu Evangelho, conforme relatam Mateus, 8:23 a 27; Marcos, 4:35 a 41; e Lucas, 8:22 a 25:

JESUS APLACA A TEMPESTADE

— Aconteceu que, num daqueles dias, Jesus tomou uma barca, acompanhado pelos Seus discípulos; e eis que se levantou no mar tão grande tempestade de vento que as ondas cobriam a barca, enquanto Jesus dormia na popa, sobre um travesseiro. Os discípulos O acordaram aos brados, dizendo: — Salva-nos, Senhor, porque nós vamos morrer! E Jesus lhes respondeu: — Por que temeis, homens de pequena Fé? Então, erguendo-se, repreendeu os ventos e o mar; e se fez grande bonança. Aterrados e cheios de admiração, os discípulos diziam uns aos outros: — ***Afinal, quem é este, que até o vento e o mar Lhe obedecem?***

NÃO TEMER AS DIFICULDADES

Caminhamos firmes, ao longo de todas essas décadas, nas Instituições da Boa Vontade! Não queremos bancar aqui os valentões, contudo dificuldades não nos intimidam, pois **acreditamos,** de corpo e Alma, **do fundo de nosso coração, em Jesus**! Temos certeza de que estamos batalhando por uma Causa que é Dele, a da Boa Vontade de Deus e do Novo Mandamento do Cristo — "*Amai-vos como Eu vos amei. Somente assim podereis ser reconhecidos como meus discípulos*" (Evangelho, segundo João, 13:34 e 35).

Todos vocês devem pensar e agir dessa maneira — se é que lhes posso dar um despretensioso conselho.

Mas prossigamos em nosso estudo do capítulo 10 do Evangelho, consoante Lucas. Logo à frente, Jesus esclarece que **mais importante do que a submissão dos espíritos malignos a Seus seguidores é que os discípulos possuam seu nome inscrito no Livro da Vida Eterna**:

REVELAÇÃO DOS CÉUS AOS PEQUENINOS

> [20] *Não obstante, alegrai-vos, não porque os espíritos se vos submetem,* ***e sim porque o vosso nome está inscrito nos Céus****.*
>
> [21] *Naquela hora, exultou Jesus no Espírito Santo e exclamou: Graças Te dou, ó Pai, Senhor do Céu e da Terra, porque ocultaste estas coisas aos sábios e ins-*

truídos do mundo e as revelaste aos pequeninos. Sim, ó Pai, porque assim foi do Teu agrado.

Jesus (Lucas, 10:20 e 21)

A Lei de Deus abre caminho para aquele que procura tornar-se realmente humilde, luta por aprender sem *parti pris*, ou seja, sem ideia preconcebida, pois, com toda sinceridade, quer mais luz, não deseja arrastar-se na penumbra, perder-se na escuridão, na selva sombria em que vagam, claudicantes, os "lobos invisíveis". Portanto, **o Pai Celestial desvenda a esse peregrino o Seu Sublime Conhecimento**.

— *Mas então os instruídos e sábios do mundo não terão a sua oportunidade?*

Sim, se demonstrarem verdadeira vontade para tal. Admoesta o Divino Pastor que *"a cada um será dado consoante as próprias obras"* (Evangelho de Jesus, segundo Mateus, 16:27), sob a Guarda Celeste da Misericórdia do Céu.

A pesca milagrosa (detalhe) | 1515 | Raphael Sanzio (1483-1520) | Têmpera sobre papel | 360 x 400 cm | Museu Victoria e Albert, Londres, Inglaterra

O CRISTO ECUMÊNICO E A ECONOMIA

Que beleza esse capítulo 10 do Evangelho do Cristo, segundo Lucas! Quanta luz nos é transmitida! Isso se pode dar com todos aqueles que têm a responsabilidade de, por intermédio dos microfones da Super Rede Boa Vontade de Rádio, diante das câmeras da Boa Vontade TV, na internet, ou no Altar Sagrado das Igrejas Ecumênicas da Religião Divina, multiplicar essa **Fé Realizante** no Cristo Ecumênico, o Divino Estadista, de forma que nenhum obstáculo seja capaz de barrar-lhes a evolução.

Jesus explica, em Lucas, 10:22:

> — *Tudo me foi entregue por meu Pai. Ninguém sabe quem é o Filho, senão o Pai; e também ninguém sabe quem é o Pai, senão o Filho e aquele* [ou aquela] *a quem o Filho O quiser revelar.*

Repararam nisso? O Mestre Amado disse: *"a quem o Filho O quiser revelar"*.

Puxa vida, hein?! Que tal entrar em meditação permanente com o Provedor Celeste para alcançar a Sua Sabedoria e usufruir dessa valiosa riqueza?

E ainda há mais. Em Sua Boa Nova, de acordo com o relato de Marcos, 13:11, o Sublime Educador afirma o seguinte:

> — *Quando, pois, vos conduzirem para vos entregar* [aos tribunais da Vida], *não vos preocupeis com o que haveis de dizer. Mas falai o que vos for concedido pelo Espírito Santo naquela hora;* ***porque não sois vós os que falais, mas o Espírito Santo que falará por vós.***

Na análise desses versículos, Jesus usa um instrumento humano, no caso a mim — poderia ser outra pessoa —, para abrir os olhos de vocês à questão de que somos, toda a humanidade, filhos do mesmo Pai, criaturas de um só Criador, que nos oferece a Sua riqueza. Falamos, acima de tudo, da espiritual, porque, conseguida esta, de acordo com a Lei Econômica do Cristo, ***"todas as coisas materiais vos serão acrescentadas"***[9].

---

[9] ***"Todas as coisas materiais vos serão acrescentadas"*** — Refere-se à Fórmula Urgentíssima de Jesus, conforme o saudoso Irmão Zarur batizou esse versículo bíblico, constante do Evangelho, segundo Mateus, 6:33. Leia a explicação na p. 275 deste livro.

Esse é o trabalho da Política de Deus, a Política para o Espírito Eterno do ser humano, prevista por Alziro Zarur e exemplificada na Parábola do Bom Samaritano[10].

O BOM AMÁLGAMA

A Religião de Deus, do Cristo e do Espírito Santo é a Seara dos que, inspirados em Jesus, almejam a transformação definitiva do planeta Terra e de seus moradores. Eis o bom amálgama de uma sociedade que deseja sobreviver aos tempos difíceis que vivemos.

O mundo muda de repente. Não viram o que ocorreu com as placas tectônicas na Ásia[11]? Que coisa terrível! Afetou a posição do eixo terrestre e influenciou o clima, segundo afirmam alguns. Isso traz à minha memória esta máxima de Zarur:

— *Não há segurança fora de Deus.*

---

[10] **A Política de Deus e a Parábola do Bom Samaritano** — Leia "A Ideologia do Bom Samaritano", no *blog* PaivaNetto.com.

[11] **Movimento das placas tectônicas na Ásia** — Ocorrido em 26 de dezembro de 2004. Esse terremoto, considerado o quinto maior desde 1900 (9 graus na escala Richter), ocasionou vários *tsunamis*, que varreram a costa da África e da Ásia, matando centenas de milhares de pessoas.

A BEM-AVENTURANÇA DE TESTEMUNHAR O QUE FOI REVELADO

23 E, voltando-se para os Seus discípulos, Jesus disse-lhes em particular: — Bem-aventurados os olhos que veem as coisas que vós vedes.
24 Pois Eu vos afirmo que muitos profetas e reis quiseram ver o que vedes e não viram; e ouvir o que ouvis e não o ouviram.

Jesus (Lucas, 10:23 e 24)

Louvado seja Deus!
Servir a Jesus não é sacrifício. É privilégio!

APRESSAR A VINDA DO REINO DE DEUS

Que tal apressarmos os passos em caminhada mais forte para o florescimento, na Terra como um todo, do Reino de Deus, que está próximo? Tão perto que se acha dentro do próprio ser humano, consoante Jesus revela na Sua Boa Nova, bastando que acessemos e vivenciemos esse ilimitado potencial sublime.

QUEM DETERMINA O NOSSO DESTINO

Ao caminharmos para o encerramento desta obra, reflitamos sobre a Carta do Cristo Ecumênico, o Divino Estadista, aos Irmãos perseverantes da Igreja em Filadélfia, constante do Apocalipse de Jesus (3:7 a 13), que antecede à dirigida, por Ele, aos moradores de Laodiceia. Já lhes expliquei bastas vezes que a Igreja em Filadélfia é a representação do Amor Fraterno, composta por aqueles que testemunham o Santo de Deus até o fim e além do fim. Que estejamos enquadrados nela! Essa sublime missiva nos fortalece e nos capacita a sobrepujar os desafios anunciados à Igreja em Laodiceia — que simboliza o grande julgamento da humanidade, que estamos vivendo.

Eis o presente que oferto a vocês, pessoas bondosas, pertinazes e dedicadas à Fraternidade Ecumênica em quaisquer rincões onde se encontrem; em qualquer rebanho religioso que professem; em qualquer filosofia na qual transitem; enfim, a todos: mulheres, homens, jovens, crianças, Irmãos da terceira idade ou melhor idade — que é o meu caso —, Espíritos do Bem, Almas Benditas.

Lembrem-se sempre: **quem determina o nosso destino não é a vontade alheia; é a nossa decisão em Cristo Jesus!**

CARTA DE JESUS À IGREJA EM FILADÉLFIA (APOCALIPSE, 3:7 A 13)

7 *Ao Anjo da Igreja em Filadélfia escreve: Estas coisas diz o Santo, o Verdadeiro, Aquele que tem a chave de* ***Davi****, que abre e ninguém fecha e que fecha e ninguém abre:*

8 *Conheço as tuas obras — eis que tenho posto diante de ti uma* ***porta aberta****, a qual ninguém pode fechar — e que tens pouca força; entretanto, guardaste a minha palavra e* ***não negaste o meu nome****.*

Essa **porta aberta** é o Evangelho-Apocalipse do Jesus Ecumênico, em Espírito e Verdade, à luz do Seu Novo Mandamento de Amor. O Evangelho do Divino Ser, Jesus, que é Amor, jamais poderá ser propagado pela ação do ódio — é bom reiterar.

Pessoa alguma pode confundir ou barrar a destinação gloriosa dos Legionários da Boa Vontade de Deus, Cristãos do Novo Mandamento fiéis.

O que estamos fazendo aqui? Guardando a Palavra Dele e levando aos quatro cantos do mundo, por todos os meios possíveis e impossíveis, essa **Mensagem de Esperança**. Por isso, insisto em pedir a ajuda de Jesus para que tenhamos condições de produzir mais, porque conscientemente nunca negamos o nome do Mestre Amado nem as Suas Obras e procuramos a Inspiração Dele em tudo e por tudo o que realizamos.

> [9] *Eis que farei a alguns dos que são do templo de satanás, desses que a si mesmos se declaram apóstolos* [quer dizer, fiéis] *e não são, pois mentem* [o mentiroso é um infiel]*; eis que os farei vir e prostrar-se aos teus pés e* ***conhecer que Eu te amei****.*

Jesus, o Coautor do último livro da Bíblia Sagrada, porque o Grande Autor do Apocalipse é Deus[12], está se dirigindo àqueles que perseveram além do término da missão, aos quais, sendo *"fiéis até à morte"*, Ele dará *"a Coroa da Vida"* (Apocalipse, 2:10). Diante dos bons atos desses persistentes, virão curvar-se os faltosos ("lobos invisíveis"), retomando, por fim, o caminho da redenção, que haviam abandonado. Quanta emoção em saber do próprio Cristo que Ele nos ama! Só nos dá mais e mais forças para seguir adiante em Sua Bendita Seara.

---

[12] **Nota de Paiva Netto**

O Grande Autor do Apocalipse é Deus — Aproveito para esclarecer que, ao me referir a Jesus como o Coautor do Apocalipse, que vem de Deus, apoio-me nos seguintes versículos, que abrem o Livro das Profecias Finais: *"Revelação de Jesus, o Cristo, que Deus Lhe deu para mostrar aos Seus servos as coisas que em breve devem acontecer e que Ele, enviando-as por intermédio do Seu Anjo, notificou ao Seu servo João, o qual atestou a Palavra de Deus e o Testemunho de Jesus Cristo, quanto a tudo o que viu"* (Apocalipse, 1:1 e 2).

Convém ainda recordar que Jesus lavou os pés aos discípulos e aos apóstolos, como exemplo de Amor e Fraternidade (Evangelho, segundo João, 13:1 a 20). Lavar os pés uns aos outros é o respeito e o cuidado que precisamos ter reciprocamente, espelhando o exemplo maior que advém do Senhor da Paz. Isso é a Sociedade Solidária Altruística Ecumênica e a Política de Deus em marcha.

> 10 ***Porque guardaste a palavra da minha perseverança, também Eu te guardarei na hora da tormenta*** *que há de vir sobre o mundo inteiro, para experimentar os que habitam sobre a Terra.*

Observem a tormenta vindo aí! Basta tomar conhecimento do que divulga a mídia.

Atenção ao versículo 10 da Carta do Mestre Amado à Igreja em Filadélfia, no capítulo 3 do Apocalipse! Ele narra os indescritíveis sofrimentos que experimentarão os que habitam sobre a Terra, mas, logo em seguida, nos versículos 11 e 12, **vem o conforto de Jesus para os que perseverarem até o instante derradeiro e para além dele:**

> 11 ***Eis que venho sem demora. Conserva o que tens, para que ninguém tome a tua coroa.***
> 12 *Ao vencedor,* ***Eu o farei coluna do Templo do meu Deus, e dali não sairá jamais****; gravarei tam-*

bém sobre ele o nome do meu Deus, o nome da cidade do meu Deus, a nova Jerusalém que desce do Céu, vinda da parte do meu Deus, e o meu novo nome.

Repetidamente conceituava o Irmão Zarur: ***"LBV, o Novo Nome de Jesus"***.

[13] *Quem tem ouvidos de ouvir ouça o que o Espírito diz às igrejas do Senhor.*

RECADO FINAL

A Carta à Igreja em Filadélfia encerra com a promessa do Cristo, no versículo 12:

— ***Ao vencedor* [ou à vencedora], *Eu o* [ou a] *farei coluna do Templo do meu Deus, e dali não sairá jamais.***

Coluna do Templo de Deus, que coisa maravilhosa! **Eis a segura fórmula para finalmente vencer o maldito "lobo invisível" e toda a sua tramoia, as suas ciladas, as suas armadilhas: o extraordinário Poder de Deus!**

VAMOS FALAR COM DEUS!

Que nós possamos, sãos e salvos, pela nossa inatacável dignidade e poderosa Fé Realizante, usufruir no nosso Lar, Senhor, que é o Vosso imenso coração, de acordo com o esforço incansável de cada um, do resultado magnífico de termos perseverado em Cristo Jesus, na sacrossanta Religião do Terceiro Milênio, que já vivemos.

Cristo no Getsêmani | 1890 | Heinrich Hofmann (1824-1911) | Óleo sobre tela | The Riverside Church, Nova York, EUA

SÚPLICA AO SENHOR DOS UNIVERSOS

Minhas Amigas e meus Irmãos, minhas Irmãs e meus Amigos, chegamos ao término de mais uma jornada vitoriosa no estudo das Escrituras Sagradas. Quanta riqueza o Pai, o Filho e o Espírito Santo depositam em nossas mãos de simples aprendizes!

Meus agradecimentos a vocês, queridas leitoras, estimados leitores. Presto a todos a minha homenagem, ao transcrever a prece que transmiti, por circular — de Santa Maria de Arnoso, Lugar de Lages, Portugal, na madrugada de 7 de maio de 2001, segunda-feira —, aos Cristãos do Novo Mandamento de Jesus, do Brasil e do exterior.

Ó Falanges Benditas, recebam as humildes rogativas que elevamos às suas caridosas Almas.

ORAÇÃO DOS CRISTÃOS DO NOVO MANDAMENTO, AMIGOS DE JESUS, HEROICOS SOLDADOS ECUMÊNICOS DE DEUS, PARA QUE HAJA PAZ NA TERRA

Ó Eterno Senhor Deus, Onisciente, Onipresente, Onipotente, Onidirigente, que, com tanto Amor, liderais as Potestades do Céu e da Terra (como nos ensinam o Evangelho e o Apocalipse) e que controlais as tempestades no clima e nas Almas, providência sem a qual, de há muito, não mais haveria sobreviventes neste mundo. **O Vosso Amor é o que mantém os povos vivos.**

Sabemos que não aceitais as calúnias, infâmias, difamações e injúrias dos "lobos invisíveis" contra os Vossos Fiéis Servidores, que se encontram em todos os rebanhos do mundo, pois sois UM Só para todas as ovelhas. Disse Jesus, Vosso Filho Amado:

> — *Ainda tenho* ***outras ovelhas, não deste aprisco****; a mim me convém conduzi-las. Elas ouvirão a minha voz;* ***então haverá um só Rebanho para um só Pastor****.*
>
> (Evangelho, segundo João, 10:16)

Por isso, ensinastes, por intermédio do Vosso Filho, a Oração Ecumênica, que qualquer um pode proferir nos momentos de luta, de meditação ou de agradecimento, independentemente de crença ou descrença:

PAI-NOSSO, A ORAÇÃO ECUMÊNICA DE JESUS

(Evangelho, segundo Mateus, 6:9 a 13)

Pai Nosso, que estais no Céu [e em toda parte ao mesmo tempo], *santificado seja o Vosso Nome.*

Venha a nós o Vosso Reino [de Justiça e de Verdade, sem as quais não pode haver Bondade e muito menos Amor].

Seja feita a Vossa Vontade [jamais a nossa vontade], *assim na Terra como no Céu.*

O pão nosso de cada dia dai-nos hoje [o alimento para o Espírito, o pão transubstancial, a comida que não perece, porque o pão para o corpo, iremos consegui-lo com o suor do nosso rosto[13]].

Perdoai as nossas ofensas, assim como nós perdoarmos as dos nossos ofensores.

E não nos deixeis cair em tentação, mas livrai-nos do mal, porque Vosso é o Reino, e o Poder, e a Glória para sempre.

Amém!

Recebei-nos, Senhor, diariamente no Vosso Seio, do qual adquirimos toda a força e a sabedoria para vencermos as hostes do mal, que insuflam os "lobos invisíveis", espíritos obsessores, contra as Vossas ovelhas; mas que, um dia, aprenderão o que é a felicidade de Vos servir.

Todos nós, Cristãos do Novo Mandamento, Amigos de Jesus, somos como um exército do Bem que Vos honra sempre e que, por essa razão, resiste com justiça, qualidade e capacidade.

---

[13] Esses comentários entre colchetes são de Alziro Zarur e de Paiva Netto, surgidos durante as inúmeras vezes em que proferiram esta comovente prece de Jesus nas pregações ecumênicas deles.

Defendei-nos, Senhor, das ciladas do mal, para podermos competentemente salvaguardar as Sagradas Instituições da Boa Vontade de Deus, que confiastes às nossas mãos, a glorificar a nossa pátria, que amamos, a nosso idolatrado Jesus, e a nossa amorosa Mãe, Maria Santíssima.

Como proclama o Espírito André Luiz:

> — *Jesus caminha na vanguarda do nosso movimento.*

Cremos que, por isso, a Religião de Deus, do Cristo e do Espírito Santo — a Quarta Revelação — recebeu a abençoada tarefa de redefinir, reconceituar, reformular tudo, a fim de *"devolver ao Cristo o que é do Cristo"*, conforme preconizava o saudoso Irmão Zarur. Estamos promovendo ainda a Revolução Mundial dos Espíritos de Luz, para o que tem servido vanguardeiramente, por minha ordem direta, a Mídia da Boa Vontade: rádio, televisão, jornais, revistas, livros e internet. O dr. Bezerra de Menezes (Espírito) tem falado constantemente pela Super Rede Boa Vontade de Comunicação, pois, como sempre digo, não se pode fazer Revolução Mundial dos Espíritos, escondendo os Espíritos.

Dai, Senhor, a proteção perene aos Vossos batalhadores Legionários da Boa Vontade, onde estiverem, no Brasil e no exterior, levando a Vossa fraterníssima mensagem aos povos da Terra.

Concedei, ó Deus, inspiração a todos.

Esta Vossa Casa crescerá ainda mais, porque os Vossos leais Legionários da Boa Vontade sabem terçar com a **espada** de que fala o Vosso Filho Jesus, no Evangelho-Apocalipse. E compreendemos que essa espada são as palavras e os exemplos transmitidos por Ele, o Cristo, e por Vós, ó Pai Celeste!

Disse o Apóstolo Paulo:

> 17 *Tomai também o capacete da salvação e a* ***espada do Espírito, que é a palavra de Deus,***
> 18 *orando em todo o tempo com toda a oração e súplica no Espírito e vigiando nisso com toda a perseverança e súplica por todos os santos*
> 19 *e por mim;* ***para que me seja dada, no abrir da minha boca, a palavra com confiança,***
> 20 ***para fazer notório o mistério do Evangelho,*** *pelo qual sou embaixador em cadeias* [isto é, mesmo quando preso]*;* ***para que possa falar Dele*** [Jesus] ***livremente, como me convém falar***
>
> (Epístola aos Efésios, 6:17 a 20).

Cada fiel Cristão do Novo Mandamento de Jesus conhece o seu dever de honrar os compromissos, quaisquer que sejam, vencendo os sacrifícios, porque Vosso Filho deu Sua vida por nós. E abriu, na Terra, a Legião da Boa Vontade e tudo o que divinamente dela surgiu.

Que os nossos Irmãos em humanidade apoiem, por intermédio dela, sempre e cada vez mais, essa epopeia, que, por todo o mundo, levanta os caídos, veste os nus, alimenta os famintos, ensina, educa, espiritualiza crianças, jovens, adultos e idosos, porquanto esta é a nossa ideologia: **a Ideologia do Bom Samaritano**. Inspiremo-nos nesse comovente relato bíblico, constante do Evangelho do Cristo, segundo Lucas, 10:30 a 37.

> 30 *Descia um homem de Jerusalém para Jericó e caiu nas mãos de salteadores, os quais o despojaram e, espancando-o, retiraram-se, deixando-o semimorto.*
> 31 *Descia pelo mesmo caminho certo sacerdote; e, vendo-o, passou de largo.*
> 32 *E de igual modo um levita chegando àquele lugar, e, avistando o pobre homem, passou também de largo.*
> 33 *Mas um samaritano, que ia de viagem, chegou ao pé dele e, fitando-o, tomou-se de infinita compaixão;*
> 34 *e, aproximando-se, atou-lhe as feridas, aplicando-lhes azeite e vinho; e pondo-o sobre um animal de sua propriedade, levou-o para uma estalagem e cuidou dele.*
> 35 *No outro dia, partindo, tirou dois denários* (antiga moeda romana), *deu-os ao dono da hospedaria e lhe disse: Cuida bem deste ferido, e tudo o que de mais gastares, eu te pagarei quando aqui voltar.*

36 *Qual, pois, destes três — perguntou Jesus ao homem da lei — te parece que foi o próximo daquele que caiu nas mãos dos salteadores?*
37 *Ao que o doutor da lei lhe respondeu: Claramente o que usou de misericórdia para com ele. Disse-lhe, então, calmamente Jesus: Vai, pois, e faze da mesma forma.*

Que nós possamos, sãos e salvos, pela nossa inatacável dignidade e poderosa Fé Realizante, usufruir no **nosso Lar**, Senhor, que **é o Vosso imenso coração**, de acordo com o esforço incansável de cada um, do resultado magnífico de termos perseverado em Cristo Jesus, na sacrossanta Religião do Terceiro Milênio, que já vivemos.

Concedei-nos, ó Deus, existência plena de saúde, destreza e Fé que diviniza, que nos levanta e nos torna vitoriosos, para Vos amar e glorificar, agora e sempre, em louvor e em nome de Jesus Cristo, Nosso Senhor, do Espírito Santo e de Maria, Mãe Cósmica da Humanidade e, consoante a definição do Irmão Zarur, *"Mãe Universal da Cristandade"*.

Que todos mereçamos desfrutar de Vossa Infinita Proteção!

Nosso Amor é Vosso.

Que assim seja!

Quem confia em Jesus não perde o seu tempo, porque Ele é o Grande Amigo que não abandona amigo no meio do caminho!

Quanto mais perto de Jesus, mais longe dos problemas; portanto, distantes das garras do "lobo invisível", ou seja, de qualquer obsessor, da Terra ou do Mundo Espiritual.

Servir a Jesus não é sacrifício. É privilégio!

Seguros estamos na Divina Segurança das seguras mãos de Jesus!

E, para todos os que pacientemente até aqui me acompanharam, o **Conforto Celeste** e a **Bênção Divina**, constantes do Apocalipse do Cristo de Deus, capítulo final (22), versículos 20 e 21:

> 20 ***Aquele que dá testemunho destas coisas diz: Certamente venho sem demora. Que assim seja! Amém! Ora vem, Senhor Jesus!***
>
> 21 ***A graça de Nosso Senhor Jesus Cristo seja com todos vós para todo o sempre. Amém!***

PAI-NOSSO E BEM-AVENTURANÇAS

PAI-NOSSO

(A Oração Ecumênica de Jesus[1] *que se encontra no Seu Evangelho, segundo Mateus, 6:9 a 13.)*

Pai Nosso, que estais no Céu
[e em toda parte ao mesmo tempo],
santificado seja o Vosso Nome.
Venha a nós o Vosso Reino [de Justiça e de Verdade].
Seja feita a Vossa Vontade [jamais a nossa vontade],
assim na Terra como no Céu.
O pão nosso de cada dia dai-nos hoje
[o pão transubstancial, a comida que não perece,
o alimento para o Espírito, porque o pão para o corpo,
iremos consegui-lo com o suor do nosso rosto].
Perdoai as nossas ofensas,
assim como nós perdoarmos aos nossos ofensores.

---

[1] **Nota de Paiva Netto**

Todos podem rezar o *Pai-Nosso*. Ele não se encontra adstrito a crença alguma, por ser uma oração universal, consoante o abrangente espírito de Caridade do Cristo Ecumênico, o Divino Estadista. Qualquer pessoa, até mesmo ateia (por que não?!), pode proferir suas palavras sem sentir-se constrangida. É o filho que se dirige ao Pai, ou é o ser humano a dialogar com a sua elevada condição de criatura vivente. Trata-se da Prece Ecumênica por excelência.

Não nos deixeis cair em tentação,
mas livrai-nos do mal,
porque Vosso é o Reino,
e o Poder, e a Glória para sempre.
Amém!

AS BEM-AVENTURANÇAS DO SERMÃO DA MONTANHA DE JESUS

(Evangelho do Cristo, segundo Mateus, 5:1 a 12, da magnífica forma com que Alziro Zarur as proferia.)

Jesus, vendo a multidão, subiu ao monte. Sentando-se, aproximaram-se Dele os Seus discípulos, e Jesus ensinava, dizendo:
Bem-aventurados os humildes,
porque deles é o Reino do Céu.
Bem-aventurados os que choram,
porque eles serão consolados pelo próprio Deus.
Bem-aventurados os pacientes,
porque eles herdarão a Terra.
Bem-aventurados os que têm fome e sede de Justiça,
porque eles terão o amparo da Justiça Divina.
Bem-aventurados os misericordiosos,
porque eles alcançarão misericórdia.
Bem-aventurados os limpos de coração,
porque eles verão Deus face a face.

Bem-aventurados os pacificadores,
porque eles serão chamados filhos de Deus.
Bem-aventurados os que são perseguidos por causa da Verdade,
porque deles é o Reino do Céu.
Bem-aventurados sois vós, quando vos perseguem,
quando vos injuriam e, mentindo,
fazem todo o mal contra vós por minha causa.
Exultai e alegrai-vos,
porque é grande o vosso galardão no Céu.
Porque assim foram perseguidos os Profetas
que vieram antes de vós.

AS SETE BEM-AVENTURANÇAS DO APOCALIPSE DE JESUS[2]

Não somente o Evangelho de Jesus registra Bem--Aventuranças, como as do Sermão da Montanha. Os estudiosos do Apocalipse também as encontram em suas páginas decifráveis e iniciáticas aos que têm *"olhos de ver e ouvidos de ouvir"*[3].

Primeira

— *Bem-aventurados aqueles que leem e aqueles que ouvem as palavras da profecia deste Livro e guardam as coisas nele escritas, pois o Tempo está próximo* (1:3).

[2] **As Sete Bem-Aventuranças do Apocalipse de Jesus** — A íntegra do documento de Paiva Netto sobre este tema pode ser lida em *As Profecias sem Mistério* (1998), um dos livros da série "O Apocalipse de Jesus para os Simples de Coração", que, com as obras *Somos todos Profetas* (1991), *Apocalipse sem Medo* (2000), *Jesus, o Profeta Divino* (2011) e *Jesus, a Dor e a origem de Sua Autoridade — O Poder do Cristo em nós* (2014), já vendeu mais de 3 milhões de exemplares. Para adquirir os títulos de Paiva Netto, ligue para 0300 10 07 940 ou acesse www.clubeculturadepaz.com.br.

[3] **Aos que têm *"olhos de ver e ouvidos de ouvir"*** — No Corão Sagrado, versículo 12 da 32ª Surata "As Sajda" (A Prostração).

Segunda

— *Então, ouvi uma voz do Céu, que me dizia: Escreve: Bem-aventurados os mortos que, desde agora, morrem no Senhor. Doravante, diz o Espírito, que descansem das suas fadigas, pois as suas obras os acompanham* (14:13).

Terceira

— *Eis que venho como vem o ladrão. Bem-aventurado aquele que vigia e guarda as suas vestiduras, para não andar nu, e não se veja a sua vergonha* (16:15).

Quarta

— *Então, me falou o Anjo: Escreve: Bem-aventurados aqueles que são chamados à ceia das bodas do Cordeiro. E acrescentou: São estas as verdadeiras palavras de Deus* (19:9).

Quinta

— *Bem-aventurados e santos aqueles que têm parte na primeira ressurreição. Sobre esses a segunda morte não tem autoridade; pelo contrário, serão sacerdotes de Deus e de Cristo Jesus, e reinarão com Ele os mil anos* (20:6).

Sexta

— *Eis que venho sem demora. Bem-aventurado aquele que guarda as palavras da profecia deste Livro* (22:7).

Sétima

— Bem-aventurados aqueles que lavam as suas vestiduras no sangue do Cordeiro de Deus para que lhes assista o direito à Árvore da Vida Eterna e para entrarem na cidade pelas portas (22:14).

ÍNDICE DE NOMES

ÍNDICE DE MATÉRIAS

BIBLIOGRAFIA

A Bíblia de Jerusalém. São Paulo: Paulus, 1995.

A Bíblia Sagrada. Tradução padre Antônio Pereira de Figueiredo. Rio de Janeiro: Edição Barsa, 1964.

A Bíblia Sagrada. Tradução Centro Bíblico Católico. 60 ed. São Paulo: Ave Maria, 1988. Tradução dos originais mediante a versão dos monges de Maredsous (Bélgica).

A Bíblia Sagrada: Antigo e Novo Testamento. Tradução para o português de João Ferreira de Almeida. Brasília: Sociedade Bíblica do Brasil, 1969.

A Bíblia Sagrada: Nova Edição Papal. Traduzida das línguas originais com uso crítico de todas as fontes antigas pelos Missionários Capuchinhos de Lisboa. Charlotte, North Carolina, USA: C. D. Stampley Enterprises, Inc., 1974.

A Bíblia Sagrada: Novo Testamento. Tradução padre Matos Soares. Porto: Grandes Oficinas Gráficas da Sociedade de Papelaria, 1954. 4 v.

Academia Jesus, o Cristo Ecumênico, o Divino Estadista. **Paiva Netto e a Proclamação do Novo Mandamento de Jesus — a saga heroica de Alziro Zarur (1914-1979) na Terra.** São Paulo: Elevação, 2009.

Alcorão Sagrado. Tradução do professor Samir El-Hayek. São Paulo: Tangará, 1975.

ALIGHIERI, Dante. **A Divina Comédia.** Belo Horizonte: Ed. Itatiaia; São Paulo: Edusp, 1979.

Antologia da Boa Vontade. Rio de Janeiro: Editora da Boa Vontade, 1955.

BAUER, Henry H. **Dogmatism in Science and Medicine**: How Dominant Theories Monopolize Research and Stifle the Search for Truth. Jefferson/VA, USA: McFarland & Co., 2012.

Confucius. **The Analects.** Translated with an introduction by D.C. Lau. England: Penguin Group, 1979.

DESCARTES, René; MAZAURIC, Simone. **Discours de la méthode.** Paris: Messidor/ Editions sociales, 1983.

Éliphas Lévi (l'abbé A.-L. Constant). **Le Grand Arcane, ou L'occultisme dévoilé.** Paris: Chamuel, 1898.

EMERSON, Ralph Waldo; ZIFF, Larzer. **Selected Essays.** Harmondsworth, Middlesex, England ; New York, N.Y.: Penguin Books, 1982.

FRANCESCO D'ASSISI, San; SABATIER, Paul. **I Fioretti di San Francesco.** Assisi: Metastasio, 1901.

FREITAS, Wantuil de. Mínimus. **Síntese de O Novo Testamento.** 4. ed. Rio de Janeiro: FEB, 1979.

GOETHE, Johann Wolfgang von. **Maximen und Reflexionem.** Leipzig: Dieterich'schen, 1953.

GRAHAM, Billy. **A morte e a vida além.** 4. ed. São Paulo: Mundo Cristão, 2000.

INGE, William Ralph. **Outspoken essays.** London; New York: Longmans, Green and Co., 1925.

KARDEC, Allan. **O Livro dos Espíritos.** 63. ed. Rio de Janeiro: FEB, 1985.

KEMPIS, Tomás de. **Imitação de Cristo.** Petrópolis, RJ: Vozes, 2009.

LACERDA, Fernando de. **Do país da luz.** 6. ed. Rio de Janeiro: FEB, 1984. v.1.

LEIBNIZ, Gottfried; REMNANT, Peter (ed.); BENNET, Jonathan (ed.). **Leibniz: New essays on human understanding.** New York: Cambridge University Press, 1996.

MARIEN, Nehemias. **Jesus, a Luz da Nova Era.** 2. ed. Rio de Janeiro: Record, 1994.

MARQUES DA CRUZ, José. **Profecias de Nostradamus.** 23. ed. São Paulo: Pensamento, 1980.

Menezes, Bezerra de. **A loucura sob novo prisma:** estudo psíquico-fisiológico. Bezerra de Menezes sob o pseudônimo de Max. 14. Ed. Rio de Janeiro: FEB, 2010.

MERTON, Thomas. **The waters of Siloe.** New York: Harcourt Brace Jovanovich, 1979.

PAIVA NETTO, José de. **A Bíblia para o povo.** São Paulo: LBV, 1988.

____________. **Ao Coração de Deus.** São Paulo: Elevação, 1990.

____________. **As profecias sem mistério.** São Paulo: Elevação, 1998.

____________. **Cidadania do Espírito.** São Paulo: Elevação, 2001.

____________. **Em pauta**: coletânea de artigos publicados em O Sul, no ano de 2007. São Paulo: Elevação, 2008.

____________. **Jesus, Zarur, Kardec e Roustaing, na Quarta Revelação**. 8. ed. São Paulo: LBV, 1984.

____________. **Livro de Deus — Religião, Filosofia, Ciência e Política de Deus.** 25 ed. Rio de Janeiro: Religião de Deus, 1982.

____________. **O Brasil e o apocalipse.** São Paulo: Legião da Boa Vontade, 1996. V.3.

____________. **Os mortos não morrem.** No prelo.

____________. **Paiva Netto — Crônicas e Entrevistas.** São Paulo: Elevação, 2000.

____________. **Reflexões e pensamentos — Dialética da Boa Vontade.** São Paulo: Elevação, 1987.

____________. **Sagradas Diretrizes Espirituais da Religião de Deus, do Cristo e do Espírito Santo**. 7. ed. São Paulo: LBV, 1987. v. 1.

____________. **Sagradas Diretrizes Espirituais da Religião de Deus, do Cristo e do Espírito Santo.** 1. ed. São Paulo: LBV, 1990, v. 2.

____________. **Sagradas Diretrizes Espirituais da Religião de Deus, do Cristo e do Espírito Santo.** 1. ed. São Paulo: LBV, 1991, v. 3.

____________. **Tesouros da Alma.** São Paulo: Elevação, 2017.

PEREIRA, Yvonne do Amaral. Bezerra de Menezes. **Dramas da obsessão.** 4. Ed. 3ª reimpressão. Rio de Janeiro: FEB, 2010.

REZENDE, Jonas. **Deus fora do espelho.** Rio de Janeiro: Mauad X: Instituto Mysterium, 2007.

ROUSTAING, Jean-Baptiste. **Os Quatro Evangelhos — Espiritismo Cristão ou Revelação da Revelação.** 6. ed. Rio de Janeiro: FEB, 1984, v. 2.

SALINGER, J. D (Jerome David). **Raise high the roof beam, carpenters and Seymour:** an introduction. New York: Bantam Books, 1965.

SESI. **Dados sobre o uso de álcool e outras drogas no trabalho.** 2013. Disponível em: <http://www.sesipr.org.br/cuide-se-mais/alcool-e-outras-drogas/dados-sobre-o-uso-de-alcool-e-outras-drogas-no-trabalho-1-23999-216358.shtml>. Acesso em: 13.jun.2014.

SIDARTA GAUTAMA (Buda). **Sutta Pittaka.** Traduções dos suttas do páli para o inglês feitas por reconhecidos tradutores, incluindo: Thanissaro Bhikkhu, Maurice Walsh, Bhikkhu Boddhi, Narada Thera, T. W. Rhys Davis, Bhikkhu Ñanamoli, Nyanaponika Thera, Piyadassi Thera, Narada Thera, David J. Kalupahana, John D. Ireland, F. L. Woodward, H. Saddhatissa e V. Fausboll. Tradução do inglês para o português feita por Michael Beisert, com a revisão de Yvone Beisert. Disponível em: <http://www.acessoaoinsight.net/>. Acesso em: 14.abr.2018.

TAVARES, Clovis. **Mediunidade dos Santos.** 4. ed. Araras/SP: IDE, 1994.

TAVARES, Flávio Mussa (org.); ARUEIRA, Nina. **Novo Céu e Nova Terra.** São Paulo: Scortecci, 2005.

VIRGIL. **The Aeneid.** Translated by J. W. Mackail. Oxford: Clarendon Press, 1930.

XAVIER, Francisco Cândido. Irmão X. **Lázaro redivivo.** 10. ed. Rio de Janeiro: FEB, 1995.

______________. André Luiz. **Missionários da Luz.** 30. ed. Rio de Janeiro: FEB, 1998.

______________. André Luiz. **Nos domínios da mediunidade.** 24. ed. Rio de Janeiro: FEB, 1997.

______________. André Luiz. **Nosso Lar.** 34. ed. Rio de Janeiro: FEB, 1987.

______________. André Luiz. **Obreiros da vida eterna.** 2. ed. especial. Rio de Janeiro: FEB, 2003.

______________. Emmanuel. **Pão nosso.** 17. ed. Rio de Janeiro: FEB, 1986.

XAVIER, Francisco Cândido; ARANTES, Hércio Marcos C. (org.). Espíritos diversos. **Encontros no tempo.** 5. ed. Araras/SP: IDE, 1988.

XAVIER, Francisco Cândido; VIEIRA, Waldo. André Luiz. **Desobsessão.** 7. ed. Rio de Janeiro: FEB, 1984.

XAVIER, Francisco Cândido; VIEIRA, Waldo. André Luiz. **Sexo e destino.** 12. ed. Rio de Janeiro: FEB, 1986.

Zarur, Alziro. **Poemas da Era Atômica.** 12. ed. Rio de Janeiro: Legião da Boa Vontade, 1979.

BIOGRAFIA

José de Paiva Netto, escritor, jornalista, radialista, compositor e poeta, nasceu em 2 de março de 1941, no Rio de Janeiro/RJ, Brasil. É diretor-presidente da Legião da Boa Vontade (LBV). Membro efetivo da Associação Brasileira de Imprensa (ABI) e da Associação Brasileira de Imprensa Internacional (ABI-Inter), é filiado à Federação Nacional dos Jornalistas (Fenaj), à International Federation of Journalists (IFJ), ao Sindicato dos Jornalistas Profissionais do Estado do Rio de Janeiro, ao Sindicato dos Escritores do Rio de Janeiro, ao Sindicato dos Radialistas do Rio de Janeiro e à União Brasileira de Compositores (UBC). Integra também a Academia de Letras do Brasil Central. É autor de referência internacional na defesa dos direitos humanos e na conceituação da causa da Cidadania e da Espiritualidade Ecumênicas, que, segundo ele, constituem *"o berço dos mais generosos valores que nascem da Alma, a morada das emoções e do raciocínio iluminado pela intuição, a ambiência que abrange tudo o que transcende ao campo comum da matéria e provém da sensibilidade humana sublimada, a exemplo da Verdade, da Justiça, da Misericórdia, da Ética, da Honestidade, da Generosidade, do Amor Fraterno"*.

Entre as inúmeras homenagens recebidas, foi agraciado com a Medalha do 1º Centenário da Academia Brasileira de Letras (ABL); nomeado Comendador da Ordem do Rio Branco, pelo Ministério das Relações Exteriores; e condecorado com o Grau de Comendador, pelo Conselho da Ordem do Mérito Aeronáutico, e com a Medalha do Pacificador, pelo Ministério do Exército Brasileiro.

Filho primogênito de **Idalina Cecília** (1913-1994) e **Bruno Simões de Paiva** (1911-2000) — que tiveram como padrinho de casamento **Dorival Caymmi** (1914-2008) — e irmão de **Lícia Margarida** (1942-2010). Teve a infância e a juventude marcadas por uma preocupação incomum com temas espirituais, filosóficos, educativos, sociais, políticos, científicos e econômicos, além de um profundo senso de auxílio aos necessitados.

Estudou no tradicional Colégio Pedro II, na capital fluminense, do qual recebeu o título de Aluno Eminente, sendo homenageado com placa de bronze na sede desse conceituado colégio-padrão. Em 1956, ainda adolescente, iniciou sua jornada vitoriosa ao lado do saudoso fundador da Legião da Boa Vontade, o jornalista, radialista, escritor, poeta, filósofo e ativista social brasileiro **Alziro Zarur** (1914-1979). Foi um dos principais assessores dele durante quase um quarto de século. Para se dedicar totalmente à LBV, abandonou a vocação para a medicina. Mais tarde, tornou-se secretário-geral (cargo equivalente ao de vice-presidente) da Instituição e, com o falecimento de Zarur, sucedeu-o.

Compositor e produtor musical, foi aluno do professor **Homero Dornelas** (1901-1990), assessor do notável **Villa-Lobos** (1887-1959). Elaborou a "Marcha dos Soldadinhos de Deus", interpretada pela primeira vez em 21 de abril de 1960, por meninos amparados pelo Instituto São Judas Tadeu, no Rio, onde colaborava como voluntário. A apresentação foi uma homenagem a Brasília/DF, que o então presidente da República **Juscelino Kubitschek** (1902-1976) inaugurava naquela data.

À frente da Legião da Boa Vontade desde 1979, multiplicou as ações desta nas áreas da educação e da promoção humana e social, por meio das unidades de atendimento da Instituição, as quais abrangem escolas-modelo de educação básica, lares para idosos e centros comunitários de assistência social. Tais espaços fazem parte de projetos ainda maiores, a que Paiva Netto se tem dedicado há bastante tempo: a Educação com Espiritualidade Ecumênica, consubstanciada em uma vanguardeira linha pedagógica, que propõe um modelo novo de aprendizado, o qual alia cérebro e coração. Essa proposta educacional, composta da Pedagogia do Afeto e da Pedagogia do Cidadão Ecumênico, é aplicada com sucesso na rede de ensino da LBV e nos programas socioeducacionais desenvolvidos por ela.

Os ideais da Boa Vontade não têm fronteiras e empolgam diversas nações. Desde 1980, as iniciativas solidárias expandem-se para a LBV da Argentina, do Paraguai, do Uruguai, da Bolívia, de Portugal e dos Estados Unidos, além de muitas outras regiões do mundo, sendo mantidas por meio de donativos de cada população local.

Por causa da ampla abrangência de seus programas e de suas ações e da excelência no trabalho realizado, a Legião da Boa Vontade conquistou o reconhecimento da Organização das Nações Unidas (ONU), com a qual tem atuado em parceria há mais de vinte anos. Em 1994, a LBV tornou-se a primeira entidade do Terceiro Setor do Brasil a associar-se ao Departamento de Informação Pública (DPI) desse organismo internacional e, em 1999, foi a primeira instituição da sociedade civil brasileira a obter o *status* consultivo geral (grau máximo) no Conselho Econômico e Social (Ecosoc/ONU). Em 2000, passou a integrar a Conferência das ONGs com Relações Consultivas para as Nações Unidas (Congo), com sede em Viena, na Áustria, e, em 2004, foi cofundadora do Comitê de ONGs sobre Espiritualidade, Valores e Interesses Globais nas Nações Unidas.

O diretor-presidente da Legião da Boa Vontade recebeu, em 14 de novembro de 2016, correspondência oficial da equipe do novo secretário-geral da ONU, o dr. **António Guterres**, na qual expressa gratidão ao dirigente da LBV pela carta encaminhada ao diplomata português com cumprimentos em virtude da nomeação deste para ocupar o cargo máximo da ONU. Na missiva, assinada por **Kyung-wha Kang**, assessora especial em Política do gabinete do secretário-geral, consta: *"Prezado diretor-presidente, permita-me agradecer, em nome do secretário-geral designado, António Guterres, as vossas gentis palavras de congratulação. É com grande honra e com um sentido de responsabilidade que ele assumirá suas novas funções. A Legião da Boa Vontade é uma organização da sociedade civil que tem uma parceria de longa data com as Nações Unidas. Sua missão de incentivar a vivência de valores, a fim de criar uma sociedade mais justa e solidária, é mais do que nunca de grande relevância global. Suas iniciativas visam melhorar a situação de pessoas de baixa renda em diversas áreas, tais como educação e desenvolvimento sócio-económico, sendo uma grande contribuição para a consecução dos Objetivos de Desenvolvimento Sustentável e sua meta de erradicar a pobreza até o ano de 2030. Contamos com a Legião da Boa Vontade para trabalhar junto às Nações Unidas na busca de soluções para os desafios globais mais urgentes da atualidade".*

Além de mobilizar a sociedade civil em torno dos Objetivos de Desenvolvimento Sustentável (ODS), a LBV tem participado ativamente, há décadas, das principais reuniões do Ecosoc e de outras comissões da ONU, contribuindo com importantes documentos e publicações, editados em diversos idiomas e entregues a chefes de Estado, conselheiros ministeriais e representantes da sociedade civil. Dentre esses materiais destacam-se as revistas *Sociedade Solidária*, *Paz para o Milênio*, *Globalização do Amor Fraterno*, *BOA VONTADE Desenvolvimento Sustentável*, *BOA VONTADE Mulher* e *BOA VONTADE Educação*.

Em 21 de outubro de 1989, Paiva Netto fundou, em Brasília/DF, o Templo da Boa Vontade (TBV), com a presença de mais de 50 mil pessoas. Conhecido também como o Templo da Paz, é o polo do Ecumenismo Divino, que proclama o contato socioespiritual entre a criatura e o Criador. Aclamado pelo povo uma das Sete Maravilhas de Brasília, o TBV é o monumento mais visitado da capital federal, conforme dados oficiais da Secretaria de Estado do Esporte, Turismo e Lazer do Distrito Federal (Setul-DF), e, desde que foi inaugurado, recebe anualmente mais de um milhão de peregrinos.

Paiva Netto criou, para propagar a Cidadania Espiritual (conceito preconizado por ele), a Super Rede Boa Vontade de Comunicação (rádio, TV, internet e publicações).

No campo editorial, alcançou a expressiva marca de mais de 7,3 milhões de livros vendidos. Além disso, tem seus artigos publicados em importantes jornais, revistas e portais de internet no Brasil e no exterior, a exemplo do *Diário de Notícias*, *Jornal de Coimbra*, *Correio da Manhã*, *Jornal de Notícias*, *O Primeiro de Janeiro*, *Notícias de Gaia*, *Voz do Rio Tinto*, *Jornal da Maia* e *O Público* (Portugal); *Time South, Jeune Afrique* e *African News* (África); *Daily Post* (circulação internacional); *Clarín* (Argentina); *Jornada* (Bolívia); *El Diário Notícias* e *ABC Color* (Paraguai); *El Pais* (Uruguai); *International Business and Management* (China); e *Deutsche Zeitung* (Alemanha).

Sobre seu estilo literário, o escritor norte-americano **Errol Lincoln Uys** observou: *"Paiva Netto, sendo um homem prático, não deixa de ter alma de poeta"*. Segundo a definição do eminente professor, jurisconsulto e tratadista **José Cretella Júnior** (1920-2015), *"é um exímio estilista, sempre em dia com as novas"*. **Valdir Andres**, jornalista, advogado e fundador do periódico *A Tribuna Regional*, de Santo Ângelo/RS, assim declarou: *"É uma honra imensa abrigar os conceitos, as opiniões, a pena brilhante do professor Paiva Netto em nosso jornal"*. Na opinião do mestre de professores **Moacir Costa Lopes** (1927-2010), *"é um escritor de muito talento"*.

Endereço para correspondência:
Rua Norma Pieruccini Giannotti, 110
Barra Funda • São Paulo/SP • CEP 01137-010
***E-mail*: PaivaNetto@uol.com.br**

Canais do autor na internet:
www.PaivaNetto.com • PaivaNettovideos
PaivaNetto.escritor • #EuleioPaivaNetto

TEMPLO DA BOA VONTADE

SEDE ESPIRITUAL DA RELIGIÃO DO TERCEIRO MILÊNIO

Aclamado pelo povo uma das Sete Maravilhas de Brasília/DF, Brasil, o Templo da Boa Vontade (TBV), símbolo maior do Ecumenismo Divino, a Pirâmide das Almas Benditas, a Pirâmide dos Espíritos Luminosos, é o monumento mais visitado de Brasília, segundo dados oficiais da Secretaria de Estado do Esporte, Turismo e Lazer do Distrito Federal (Setul-DF). Desde que foi fundado por Paiva Netto, em 21 de outubro de 1989, já recebeu cerca de 30 milhões de peregrinos. **Na foto**, da esquerda para a direita, o Parlamento Mundial da Fraternidade Ecumênica (o ParlaMundi da LBV), a sede administrativa e o TBV, localizados na Quadra 915 Sul. Outras informações: (61) 3114-1070 / www.tbv.com.br (disponível em alemão, árabe, chinês, espanhol, esperanto, francês, inglês, italiano e português).

CONHEÇA O TRABALHO DA LBV

www.lbv.org.br

BOA VONTADE TV

Internet: www.boavontade.com/tv
OI TV: Canal 212 • Net Brasil: Canais 196 e 696 • Claro TV: Canais 196 e 696

Geradora Educativa da Fundação José de Paiva Netto

Canal 45.1 Digital - São Paulo/SP
Canais 11E / 40D - São José dos Campos/SP

Kit Sat Boa Vontade

Satélite: Star One C3 • Frequência: 3.858 MHz • Symbol Rate: 3.750 Ksps • Polarização Vertical • Modulação: DVB S.2

SUPER REDE BOA VONTADE DE RÁDIO

Internet: www.boavontade.com/radio
OI TV: Canal 989 (Super RBV de Rádio)

Emissoras de rádio:

Rio de Janeiro/RJ: AM 940 kHz • **São Paulo/SP:** AM 1.230 kHz • **Esteio, região de Porto Alegre/RS:** AM 1.300 kHz • **Porto Alegre/RS:** OC 25 m - 11.895 kHz • OC 31 m - 9.550 kHz • OC 49 m - 6.160 kHz • **Brasília/DF:** AM 1.210 kHz • **Santo Antônio do Descoberto/GO:** FM 88,9 MHz • **Salvador/BA:** AM 1.350 kHz • **Manaus/AM:** AM 610 kHz • **Montes Claros/MG:** AM 550 kHz • **Sertãozinho, região de Ribeirão Preto/SP:** AM 550 kHz • **Uberlândia/MG:** AM 1.210 kHz

PORTAIS

www.boavontade.com
www.religiaodedeus.org
www.Jesusestachegando.com
www.PaivaNetto.com

APP BOA VONTADE PLAY

Baixe na loja de aplicativos do seu celular e acompanhe ao vivo